No puedo entende
porque es justo lo
para escépticos y
contenido sólido y ......

textos necesarios —de una manera inteligente, pero breve y atra-
yente— y responde las preguntas y objeciones más comunes. Voy a
recomendar bastante este libro en los próximos años.

Kevin DeYoung,
pastor, autor y bloguero de Gospel Coalition

Comprensivo y sabio, docto y claro, alentador y amable: este libro
de Sam Allberry aborda un tema que puede ser muy controver-
tido. Todos se beneficiarían de leerlo.

Mark Dever, pastor, Capitol Hill Baptist Church

Este es un libro excelente. Real y sensible, audaz y bíblico. Habla
sin pelos en la lengua, pero tampoco es punzante o mordaz. Se
nota claramente que Sam escribe con el corazón y con pasión por
Cristo, su pueblo y el mundo.

Steve Timmis, director ejecutivo, Acts 29

Este es un importante libro lleno de sabiduría evangélica.

Al Mohler, presidente,
The Southern Baptist Theological Seminary

El evangelio es buena noticia… también para los homosexua-
les. El evangelio no nos define por nuestras tentaciones, sino por
la justicia de Cristo. Este libro presenta el argumento bíblico. El
autor plasma perfectamente el llamado al arrepentimiento y la
oferta de misericordia del evangelio. Lee este libro y considera
cómo te está llamando Dios a amar, de palabra y de hecho, a
todos los que te rodean.

Russell D. Moore, presidente,
Comisión de ética y libertad religiosa,
Convención Bautista del Sur

Sam escribe con genuina calidez pastoral a partir de su propia experiencia personal. Argumenta de manera convincente que, lejos de estar en contra de los gays, Dios ama a los que experimentan una atracción hacia el mismo sexo y que el evangelio es buena noticia para nosotros también.

Jonathan Berry, director, True Freedom Trust

¿Está Dios en contra de los gays? es un libro realmente maravilloso. La humanidad de Sam brilla en cada página; su comprensión de la debilidad sustenta todo el libro; su compasión por los que enfrentan lo que él enfrenta cada día es profundamente conmovedora. Este libro es un excelente recurso para pastores y ancianos, dado que se trata de un tema que será cada vez más, no menos, significativo y polémico.

Carl R. Trueman,
profesor de Teología Histórica e Historia de la Iglesia,
Westminster Theological Seminary

¡EXCELENTE! Conciso, claro, considerado, entendible... merece tener una amplia distribución.

Jonathan Leeman, director editorial,
9Marks, bloguero y autor

Este pequeño libro es excepcional. Sam Allberry se dirige al lector con mucho cuidado, escribe con sabiduría y aborda el tema con sensibilidad, y el resultado es un libro sumamente útil sobre el problema quizá más controversial que enfrentan los cristianos occidentales hoy día. Merece mi mayor recomendación.

Andrew Wilson,
pastor y bloguero en thinktheology.co.uk

Todos los ministros deberían leer este libro y tendríamos que hacer todo lo posible por ponerlo en manos de la mayor cantidad de personas de nuestra congregación.

Paul Levy, blog de Reformation 21

¿Está Dios en contra de los gays?

¿Está Dios en contra de los gays?

Y otras preguntas sobre homosexualidad, la Biblia
y atracción hacia personas del mismo sexo

Sam Allberry

EDITORIAL
PORTAVOZ

La misión de *Editorial Portavoz* consiste en proporcionar productos de calidad —con integridad y excelencia—, desde una perspectiva bíblica y confiable, que animen a las personas a conocer y servir a Jesucristo.

EDITORIAL PORTAVOZ
2450 Oak Industrial Drive NE
Grand Rapids, Michigan 49505 USA
Visítenos en: www.portavoz.com

ISBN 978-0-8254-5821-7 (rústica)
ISBN 978-0-8254-6740-0 (Kindle)
ISBN 978-0-8254-7561-0 (epub)

1 2 3 4 5 edición / año 27 26 25 24 23 22 21 20 19 18

Impreso en los Estados Unidos de América
Printed in the United States of America

Contenido

Introducción

Empecé a entender correctamente mi sexualidad al mismo tiempo que empecé a conocer a Jesucristo.

Estaba cursando mis últimas semanas de escuela secundaria. Los exámenes estaban llegando a su fin, y todos estábamos ansiosos ante la perspectiva de un verano largo y sin estudios. Los últimos meses habían sido agitados, y estaba empezando a enfrentar ciertas verdades incómodas de aceptar. La primera era que es difícil prepararte para los exámenes cuando no has prestado mucha atención en clase. Es difícil repasar lo estudiado cuando «no has estudiado mucho».

La otra verdad era aún más incómoda de aceptar. Siempre había sido alguien que formaba amistades cercanas, pero ahora comenzaba a darme cuenta de que había algo más que eso. Aunque había tenido varias novias, nunca había sentido el mismo tipo de vínculo que tenía con uno o dos de mis amigos más cercanos. A medida que el largo verano transcurría y había menos cosas que me distraían, esa verdad empezó a carcomerme, y se fue formando un pensamiento en mi mente: *creo que soy gay.*

Ese no fue un planteamiento bienvenido. Quería ser como todos los demás y tener las mismas inclinaciones que todos los demás. Quería sentir atracción por las chicas igual que hacían mis amigos. Y, sin embargo, en lugar de sentir atracción por las chicas *igual que* mis amigos, estaba sintiendo atracción *por* mis amigos.

Fue durante ese mismo período cuando conocí a algunos cristianos por primera vez. Estaba trabajando los sábados por la tarde en una cafetería local administrada por cristianos, y esa era la primera vez que conocía a cristianos de mi edad. Se hicieron mis amigos rápidamente y, después que terminaron los exámenes y yo no tenía nada que hacer, me invitaron al grupo juvenil de su iglesia. Decidí aceptar la invitación. Me caían bien esos muchachos y estaba interesado en saber más acerca de lo que creían. El mensaje de Cristo resultó ser bastante diferente de lo que había imaginado...

El mensaje que escuché

Cuando Jesús comenzó su ministerio público, hizo el siguiente anuncio, que nos lleva directamente al corazón de su mensaje:

Después que Juan fue encarcelado, Jesús vino a Galilea predicando el evangelio del reino de Dios, diciendo: El tiempo se ha cumplido, y el reino de Dios se ha acercado; arrepentíos, y creed en el evangelio (Marcos 1:14-15).

Jesús dice que el reino de Dios se ha acercado. Sea lo que fuera que Dios había planeado hacer para enmendar los males de este mundo, en *ese momento* estaba a punto de hacerlo. Estaba a punto de comenzar.

Y la respuesta que Jesús busca es **arrepentimiento** y **fe**.

Arrepentimiento significa dar un giro, cambiar el rumbo. La implicación es bastante clara y un poco incómoda: *no estamos yendo en la dirección correcta*. Somos como el anciano sobre el que leí recientemente en nuestro periódico local: en un momento de confusión, en medio de la noche, condujo casi un kilómetro y medio por el lado equivocado de la autopista. Afortunadamente, a esa hora casi no había tráfico en sentido contrario; si hubiera sucedido en el momento de mayor tránsito del día, hubiera sido una historia muy diferente.

Jesús dice que estamos yendo en la dirección equivocada y que nos encontraremos de frente con la hora de mayor tráfico de los propósitos de Dios. Necesitamos cambiar de dirección y alinearnos con lo que Dios está haciendo. Y eso significa **creer en el evangelio**: el anuncio de que, mediante la muerte y resurrección de Jesús, podemos ponernos a cuentas con Dios; que podemos tener un nuevo comienzo y empezar a vivir como Dios siempre quiso que vivamos. Este es su mensaje.

Y es su mensaje para toda la humanidad. Cuando Jesús irrumpió en escena, no subdividió a los seres humanos en categorías y le dio a cada uno un mensaje por separado: uno para los introvertidos, otro para los extrovertidos, uno (con gráficos y puntos analíticos) para los que tienen un hemisferio cerebral izquierdo y otro (con diferentes colores y música ambiental) para los del hemisferio cerebral derecho.

El mensaje de Dios para los homosexuales es el mismo que para todos. *Arrepiéntete y cree.* Es la misma invitación a encontrar la plenitud de la vida en Dios, la misma oferta de perdón y amor profundo, maravilloso y transformador.

«Atracción hacia el mismo sexo» comparado con «gay»

Fue este mensaje el que escuché por primera vez en la iglesia de mis amigos, el mensaje a la luz del cual he intentado vivir desde entonces. Durante todo ese tiempo, como alguien que convive con la homosexualidad, he descubierto que el cristianismo bíblico es una maravillosa fuente de consuelo y alegría. La Palabra de Dios sobre este tema a veces es un poco confusa y compleja para mí. Sin embargo, es profunda y totalmente buena. El evangelio de Jesús es una noticia maravillosa para alguien que experimenta atracción hacia el mismo sexo.

Acabo de usar el término «atracción hacia el mismo sexo», porque el reto inmediato es cómo me describo. En la cultura occidental de hoy, el término obvio para alguien con sentimientos homosexuales es «gay». Sin embargo, en mi experiencia, ese término muchas veces se refiere a más que la orientación sexual de alguien. Llega a describir una identidad y un estilo de vida.

Cuando alguien dice que es homosexual o, para el caso, lesbiana o bisexual, normalmente quiere decir que, además de sentirse atraído por alguien del mismo sexo, su preferencia sexual es la manera fundamental de verse a sí mismo. Por esa razón tiendo a evitar el uso de este término. Parece incómodo describirme como «alguien que siente atracción hacia personas del mismo sexo»; pero describirme así es una manera de reconocer que el tipo de atracción sexual que experimento no es fundamental para mi identidad. Es parte de *lo que siento*, pero no es *lo que soy* en un sentido fundamental. Soy mucho más que mi sexualidad.

Tomemos, por ejemplo, otro tipo de apetito. Me encanta la carne. Un plato sin una porción de carne de res, sencillamente, no me atrae; pero mi preferencia por la carne no significa que quiera que me perciban principalmente como un «carnívoro». Es parte de mi imagen, pero no representa la fibra íntima de lo que soy. Por lo tanto, prefiero hablar en términos de alguien que experimenta sentimientos homosexuales o atracción hacia el mismo sexo (AMS para abreviarlo a continuación).

Y como alguien en esta situación, lo que Jesús me llama a hacer es exactamente igual a lo que llama a

hacer a otros. Considera otra declaración muy cono-
cida de Jesús:

> Y llamando a la gente y a sus discípulos, les dijo:
> Si alguno quiere venir en pos de mí, niéguese a
> sí mismo, y tome su cruz, y sígame (Marcos 8:34).

Es lo mismo para todos. Debo negarme a mí mismo,
tomar mi cruz y seguirlo. Cada cristiano está llamado
a hacer un sacrificio costoso. Negarse a sí mismo no
significa modificar uno que otro comportamiento.
Es decir «*no*» a tu percepción más profunda de quién
eres, por el bien de Cristo. Tomar la cruz es declarar tu
vida (como la has conocido) perdida. Es rendir tu vida
por la sencilla razón de que, en realidad, tu vida no
es tuya en absoluto. Le pertenece a Jesús. Él te hizo y,
por medio de su muerte, te ha comprado.

Desde que me he sincerado acerca de mi propia
experiencia con la homosexualidad, varios cristianos
me han dicho las siguientes palabras, más o menos:
«El evangelio debe ser más difícil para ti de lo que es
para mí», como si tuviera que rendir más cosas que
ellos. Sin embargo, la realidad es que el evangelio
exige *todo* de *todos*. Si alguien piensa que el evangelio
se ha incorporado a su vida con bastante facilidad,
sin causar ningún cambio importante en su estilo de
vida o sus aspiraciones, es probable que realmente ni
haya comenzado a seguir a Jesucristo.

Así como el costo es el mismo para todos, también
lo son las bendiciones. En los últimos años de lidiar

con este asunto, estas palabras de Jesús han llegado a ser unas de mis favoritas:

> Venid a mí todos los que estáis trabajados y cargados, y yo os haré descansar (Mateo 11:28).

Esta es una promesa maravillosa. Jesús da a entender que, por nosotros mismos, nos agotamos. Vivir independiente de Dios nos provoca eso. Sin embargo, cuando venimos a Jesús encontramos descanso. No solo el descanso del reposo de una tarde de fin de semana o de largas horas de sueño en un día libre. Jesús se refiere a algo mucho más profundo: un descanso en el sentido de que las cosas con Dios sean como deben ser. Un descanso en el sentido de vivir fieles a lo que realmente somos y cómo Dios quiere que vivamos. Un descanso en el sentido de poder florecer verdaderamente como las personas que Dios diseñó que seamos.

¿Está Dios en contra de los gays? *No.*

Sin embargo, está en contra de lo que todos somos por naturaleza: seres que viven separados de Él y para sí mismos. Está en contra de *esa* persona, sea lo que sea que *esa* persona represente en cada una de nuestras vidas. Sin embargo, puesto que Él es más grande que nosotros, mejor que nosotros y capaz de hacer estas cosas de manera que nosotros no podríamos, Dios también ama a *esa* persona. La ama tanto como para llevar su carga, tomar su lugar, limpiarla, restaurarla y unirla para siempre con Él.

Ser cristiano y vivir como cristiano con AMS plantea todo tipo de interrogantes, preguntas que espero poder tratar en este libro. Mi propia experiencia con la homosexualidad no significa que pueda hablar en nombre de todos aquellos para quienes esto es un problema. A lo largo de los años, he conocido a muchas personas para quienes este no es un tema abstracto. Hombres y mujeres; jóvenes y ancianos; algunos cristianos y otros reacios al cristianismo; algunos que han hablado conmigo en la más estricta confianza y otros que pública y orgullosamente se identifican como gays. Cada una de esas conversaciones ha sido un privilegio. Algunos me han contado historias de doloroso rechazo (en un caso, sus propios compañeros lo escupieron) y otros, de sorpresiva aceptación. En algunos casos he encontrado grandes similitudes con mi propia experiencia y mis sentimientos, y en otros casos ha sido muy diferente. Así que no estoy hablando por otros. En cambio, mi objetivo es tratar de tomar cada pregunta y ver lo que la Biblia dice.

La primera pregunta que cabe aquí es: «¿Qué dice la Biblia de la homosexualidad?», y pronto la abordaremos. Sin embargo, cuanto más estudio la Biblia, más estoy convencido de que lo que dice de la sexualidad tiene más sentido a la luz de lo que dice en general sobre el sexo y el matrimonio.

Entonces, comenzaremos por eso mismo...

Capítulo 1

La homosexualidad y el diseño de Dios

Muchas personas tienen la idea de que, por alguna razón, la Biblia desaprueba el sexo, como si fuera algo que descubrimos a espaldas de Dios y sin su total aprobación. Sin embargo, Génesis nos muestra algo muy diferente.

Dios hizo al ser humano hombre y mujer, y Dios les ordenó que «sean fructíferos y multiplíquense» (Génesis 1:28, NVI). El sexo fue idea de Dios. No fue un invento de nosotros, sino un regalo de Él. Y Dios no nos lo dio a regañadientes, como si dijera: «Bueno, ahí está, si lo *necesitan*». No, Dios nos dio un medio de reproducción que no solo fuera funcional, sino también intensamente placentero. El sexo es un signo de su bondad.

Génesis 1 y 2 nos muestran los dos propósitos del sexo. Estos capítulos aportan dos explicaciones complementarias sobre la creación. La primera (en

Génesis 1) es una perspectiva general, que describe la creación del mundo físico y toda la vida dentro de él. La segunda (en Génesis 2) aborda la creación del primer hombre y la primera mujer.

En Génesis 1, Dios crea al ser humano a su imagen, y le encomienda la tarea de gobernar la tierra y sus criaturas. En este contexto, la diferencia sexual entre el hombre y la mujer es la reproducción. Aumentar en número les permitirá llenar la tierra y estar presente en todas partes para gobernarla.

Sin embargo, en Génesis 2 las diferencias entre los sexos se presentan desde una perspectiva distinta. Dios primero crea a Adán, pero «no es bueno» que el hombre esté solo. El hombre solo no puede cumplir los propósitos para los cuales Dios lo creó. El remedio para eso es la creación de la primera mujer. En contraste con los diversos animales a los que Adán acaba de ponerles nombre, la mujer era de su misma especie:

Dijo entonces Adán: Esto es ahora hueso de mis huesos y carne de mi carne; ésta será llamada Varona, porque del varón fue tomada (Génesis 2:23).

Ella es semejante a él, como corresponde (*hecha de lo mismo*), y diferente a él, como corresponde (*mujer, en lugar de hombre*). Ella es un ejemplo diferente de la misma especie que él: comparte su misma naturaleza, su misma vocación y su misma vida. Es esta *complementariedad* la que produce una profunda unidad entre ellos cuando finalmente se funden en la unión sexual:

> Por tanto, dejará el hombre a su padre y a su madre, y se unirá a su mujer, y serán una sola carne (Génesis 2:24).

El propósito del sexo aquí es expresar y profundizar la unidad entre ellos.

Y el escritor deja claro que ya no está hablando de Adán y Eva. No se está refiriendo a la primera pareja humana, por si acaso nos interese nuestra historia familiar antigua. No, su historia es válida para toda la humanidad. Establece un patrón que vemos repetido en cada generación. El escritor se aleja de su entorno inmediato para hacer una observación general: «Por tanto, dejará el hombre a su padre y a su madre, y se unirá a su mujer…».

Lo que sucedió con Adán y Eva explica lo que ha estado sucediendo desde entonces. El «acople» perfecto entre ambos ha sido la base de todo matrimonio humano desde ese momento. La referencia no es solo acerca de la unión de Adán y Eva, sino de cada unión matrimonial.

El hombre y la mujer se convierten en «una sola carne». Gracias a tantas canciones de amor, escuchar que «los dos se funden en un solo ser» puede sonar un poco cliché a nuestros oídos. Sin embargo, no se trata de describir solo el sentimiento de unión que una pareja puede experimentar cuando se encuentran en el clímax de la pasión. Es algo objetivo y real. Jesús enseña que Dios es el que une a las parejas en matrimonio y los convierte en una sola carne (Mateo 19:6). Dios mismo produce esta unión entre ellos. Física, psicológica, emocional y espiritualmente, dos personas se funden en un solo ser. Dios lo ha diseñado para que funcione de esta manera.

Y funciona muy bien. El efecto vinculante del sexo en una relación es lo que hace que la ruptura de una relación sexual sea tan dolorosa. No hemos sido diseñados para eso. Y cuanto más se forja y se rompe esa unión, más disminuye nuestra capacidad de permanecer en una profunda unidad.

La sexualidad se parece a una etiqueta adhesiva. La primera vez que la usas, se adhiere bien; pero cuando la despegas y pegas demasiadas veces, pierde su capacidad de adherirse a cualquier superficie. No estamos diseñados para tener relaciones sexuales múltiples. El sexo se vuelve menos relacional, más funcional y menos gratificante como resultado. Los encuentros sexuales casuales parecen inofensivos y divertidos en la mayoría de las series cómicas de televisión, pero las consecuencias en la vida real son mucho más graves: vacío, quebranto y devastación. No deberíamos sorprendernos: el sexo ha sido diseñado para unir irreversiblemente a dos personas.

Entonces, Génesis 1 y 2 nos muestra que Dios está *a favor* del sexo. También nos muestra que el sexo es para el matrimonio.

¿Cómo encaja el matrimonio en todo esto?

En su propia enseñanza, Jesús refuerza la ética sexual de Génesis 1 y 2. Califica toda actividad sexual fuera del matrimonio como mala:

> Lo que sale de la persona es lo que la contamina. Porque de adentro, del corazón humano, salen los malos pensamientos, la inmoralidad sexual, los robos, los homicidios, los adulterios, la avaricia, la maldad, el engaño, el libertinaje, la envidia, la calumnia, la arrogancia y la necedad. Todos estos males vienen de adentro y contaminan a la persona (Marcos 7:20-23, NVI).

El término que traducimos como «inmoralidad sexual» es la palabra griega *porneía*, un término general que hace referencia a toda actividad sexual fuera del matrimonio. Tal comportamiento Jesús lo describe como malo y licencioso.

En otros pasajes, Jesús refuerza la persistencia y la exclusividad del matrimonio:

> Entonces vinieron a él los fariseos, tentándole y diciéndole: ¿Es lícito al hombre repudiar a su mujer por cualquier causa? Él, respondiendo, les dijo: ¿No habéis leído que el que los hizo al principio, varón y hembra los hizo, y dijo: Por esto el hombre dejará padre y madre, y se unirá a su mujer, y los dos serán una sola carne? Así que no son ya más dos, sino una sola carne; por

tanto, lo que Dios juntó, no lo separe el hombre (Mateo 19:3-6).

Jesús subraya lo que ya hemos visto en Génesis. Hemos sido creados hombre y mujer. La humanidad tiene género. No somos solo seres humanos, sino hombres y mujeres. Y esto ha sido así desde «el principio». Siempre lo fue. Sí, el género es algo que los seres humanos interpretamos y expresamos culturalmente, pero no es algo que inventamos o definimos a cabalidad. Así nos creó Dios.

Luego, Jesús nos muestra que esta diferencia sexual es la razón por la que existe el matrimonio. Somos hombres y mujeres: «Por tanto, dejará el hombre...». Es porque somos hombres y mujeres, que tenemos el fenómeno del matrimonio. El matrimonio está basado en el género. El matrimonio no existiría sin las diferencias sexuales entre el hombre y la mujer.

Esta diferencia sexual explica la profundidad de la unión entre el hombre y la mujer. Eva fue creada de Adán: hecha de su cuerpo. La unión de ellos en una sola carne es, por lo tanto, como volver a unir lo que originalmente había sido uno.

Estas verdades nos ayudan a entender algunos de los propósitos del matrimonio en la Biblia:

1. El matrimonio humano debe reflejar algo de la naturaleza de Dios. En el credo más famoso del Antiguo Testamento, a los creyentes se les recuerda que: «Jehová nuestro Dios, Jehová uno es» (Deuteronomio 6:4). La palabra hebrea particular para «uno» (*ekjád*) no es principalmente una observación matemática: que hay uno, contrario a dos o cinco. Es una afirmación sobre la naturaleza de Dios. Es uno. Hay unidad en Él. Es indivisible. Vemos en la Biblia que este Dios es la Trinidad: el Padre, el Hijo y el Espíritu Santo. Son tres personas diferentes, pero todo lo que este Dios trino es, hace y dice, está perfectamente integrado. Uno.

Esta misma palabra se usa en Génesis 2:24 para describir la unión del hombre y la mujer en el matrimonio. Se convierten en una sola (*ekjád*) carne. El matrimonio es el medio maravilloso que Dios brindó a la humanidad para que refleje la unidad y la diversidad que se ve en la Trinidad. La unidad de Dios no es semejanza, como si las tres personas de la Trinidad fueran idénticas entre sí. Es unidad en la diferencia, no uniformidad. Y lo mismo sucede con la unión de un hombre y una mujer. Existe este mismo tipo de unidad cuando el hombre y la mujer están unidos de esta manera.

Esto no sucede con el sexo gay. Dos hombres o dos mujeres no pueden convertirse en una sola carne. No pueden llegar a ser uno (*ekjád*) en la forma en que Dios es uno y en la forma en que un hombre y una mujer son uno. Pueden tener una especie de unión, pero no la que solo es posible en un matrimonio heterosexual.

Esto no quiere decir que el compromiso y la fidelidad no puedan estar presentes en una relación homosexual o que existan automáticamente en una relación heterosexual solo en virtud de la heterosexualidad de la pareja. Conozco a parejas homosexuales en las que hay una lealtad y un compromiso impresionantes, así como me vienen a la mente algunos matrimonios heterosexuales que fallan y fracasan en este aspecto. El problema no es el sentimiento de compromiso que dos personas puedan tener la una por la otra, sino el tipo de unión que Dios concede a un hombre y una mujer cuando llegan a ser físicamente uno. Esta complementariedad es fundamental para el matrimonio. Sin embargo, por lo demás, podemos diferir en el temperamento, el tipo de personalidad, la cultura y el trasfondo; finalmente, es la unión entre el varón y la mujer la que los conduce a la experiencia de ser una sola carne.

2. Esta unión en una sola carne ha sido diseñada como el medio para que Adán y Eva cumplieran el mandato de Dios: «sean fructíferos y multiplíquense; llenen la tierra» (Génesis 1:28, NVI). De esta unión surge la posibilidad de una nueva vida: el nacimiento de hijos como resultado. Esto se refleja en el libro de Malaquías, en el Antiguo Testamento: «¿No te hizo uno el SEÑOR con tu esposa? En cuerpo y espíritu ustedes son de él. ¿Y qué es lo que él quiere? De esa unión quiere hijos que vivan para Dios» (Malaquías 2:15, NTV). La procreación no es el único propósito del matrimonio (los que no pueden tener hijos, no por eso están menos casados), pero está claro que la procreación está destinada a tener origen en el matrimonio.

3. El matrimonio humano no solo está destinado a reflejar algo de la naturaleza de Dios. **También está destinado a reflejar la gracia que Dios muestra a su pueblo en Cristo:**

> Por esto dejará el hombre a su padre y a su madre, y se unirá a su mujer, y los dos serán una sola carne. Grande es este misterio; mas yo digo esto respecto de Cristo y de la iglesia (Efesios 5:31-32).

Pablo dice que el matrimonio es un reflejo de la relación que Jesús tiene con la Iglesia. También es una unión entre dos entidades distintas, pero complementarias. La Iglesia no es lo mismo que Cristo, y Cristo no es lo mismo que la Iglesia (¡una verdad maravillosa dadas las imperfecciones de la Iglesia!). Y puesto que Cristo es diferente a los suyos es capaz de atraerlos a Él, comprometerse con ellos y hacer que se unan a Él. El matrimonio humano es un reflejo de este matrimonio supremo y celestial entre Cristo y su pueblo. Es una de las razones por las cuales los cristianos se resisten a permitir que el matrimonio se defina de manera que incluya a las parejas homosexuales. Un hombre y un hombre, o una mujer y una mujer, no pueden reflejar la unión de Cristo y la iglesia; en cambio, solo reflejan a Cristo y Cristo, o Iglesia e Iglesia.

La enseñanza de la Biblia sobre el sexo y el matrimonio es la base de cómo los cristianos deben pensar sobre el tema de la sexualidad hoy día. La enseñanza del Génesis, que Jesús reforzó y propagó en su propio ministerio, es que el sexo es una buena dádiva de Dios exclusivamente para el matrimonio, y a fin de que el matrimonio cumpla con los propósitos para los cuales Dios lo instituyó, debe ser entre un hombre y una mujer.

Todo lo cual plantea una pregunta importante y urgente: *¿Cómo encaja la homosexualidad en todo esto?*

Capítulo 2

La homosexualidad y la Biblia

Para muchas personas es sorprendente descubrir que solo hay unos cuantos pasajes en la Biblia que mencionan directamente la homosexualidad. No es un tema que aborde con asiduidad. Sin embargo, cuando lo aborda, la Biblia refiere cosas importantes y claras sobre la homosexualidad. Por lo tanto, no podemos afirmar que, debido a su relativa infrecuencia, esta enseñanza no importa. La Biblia no hace repetidas referencias directas a cómo debemos cuidar la creación, pero eso no nos exime de obedecer lo que dice cuando lo hace.

Sin embargo, como mínimo, eso sí nos muestra que la Biblia no está *obsesionada* con la homosexualidad. *No es el tema* principal de la Biblia. Por lo tanto, nuestra comprensión de lo que *dice* la Biblia sobre la homosexualidad debe leerse a la luz de los temas más importantes de las Escrituras. Lo que dice la Biblia sobre la homosexualidad no representa todo lo que Dios quiere transmitir a las personas homosexuales; no es todo el mensaje del cristianismo. Y, por lo tanto, los pasajes que siguen a continuación deben considerarse como parte de un mensaje más amplio del evangelio: el anuncio de lo que Dios ha hecho por nosotros en Cristo y la necesidad de arrepentimiento y fe.

Los cristianos que quieren explicar la fe cristiana a los amigos homosexuales necesitan saber que lo que la Biblia dice sobre la homosexualidad no es lo único que deben explicar, y probablemente no sea lo primero ni siquiera lo principal a enfatizar.

Los dos primeros pasajes que mencionan directamente la homosexualidad provienen del Antiguo Testamento.

1. Génesis 19

La ciudad de Sodoma, en Génesis 19, se ha asociado tanto a la conducta homosexual que, durante muchas generaciones, su nombre ha sido un término peyorativo para el sexo gay. Sin embargo, *¿era realmente la sodomía el problema de Sodoma?*

La historia comienza con la llegada de dos ángeles a la puerta de la ciudad, encargados de determinar si la protesta que ha llegado a Dios a tal respecto es justificada o no. Los ángeles aparecen como hombres, y se les desaconseja encarecidamente que pasen la noche al aire libre en la plaza de la ciudad, lo que en sí es un indicio de cómo están las cosas en Sodoma. Entonces, se alojan en la casa de Lot.

Cuando el sol se pone, la situación empeora:

Pero antes que se acostasen, rodearon la casa los hombres de la ciudad, los varones de Sodoma, todo el pueblo junto, desde el más joven hasta el más viejo. Y llamaron a Lot, y le dijeron: ¿Dónde están los varones que vinieron a ti esta noche? Sácalos, para que los conozcamos (Génesis 19:4-5).

Por sí solo, esto podría parecer un veredicto condenatorio. Sin embargo, otros pasajes posteriores en el Antiguo Testamento acusan a Sodoma de pecados muy diferentes: opresión, adulterio, mentira, incitación a la delincuencia, arrogancia, complacencia y apatía hacia los pobres. Ninguna de esas cosas *hace referencia a* la conducta homosexual. Esto ha llevado a algunas personas a preguntarse si hemos interpretado un problema de homosexualidad en la narrativa de Génesis, cuando en realidad el problema real era la opresión social y la injusticia. Sin embargo, un análisis detenido de la historia deja claro que, en efecto, la homosexualidad estaba implícita.

Primero, aunque la palabra hebrea para «conocer» (*yadá*) pueda significar «conocer a la persona» (en lugar de «conocerla» sexualmente), está claro tanto por la agresión de la multitud como por el espantoso intento de Lot de ofrecerles a sus hijas como alternativa, que están buscando mucho más que una charla tranquila con una taza de café por medio.

En segundo lugar, esta multitud no es un grupo pequeño, no representativo. Está muy claro que se trata de toda la comunidad masculina: «los varones de Sodoma, todo el pueblo junto, desde el más joven hasta el más viejo». Así se comporta la *ciudad*. Eso se hace en Sodoma.

Esto explica lo que sucede a continuación; los ángeles advierten a Lot que el juicio es inminente (v. 13). Han descubierto todo lo que necesitan saber. La protesta contra Sodoma es justificada.

En el Nuevo Testamento, Judas agrega un dato importante:

> Así también Sodoma y Gomorra y las ciudades vecinas son puestas como escarmiento, al sufrir el castigo de un fuego eterno, por haber practicado, como aquellos, inmoralidad sexual y vicios contra la naturaleza (Judas v. 7, NVI).

Lo que sucedió en Sodoma está destinado a ser una historia de advertencia. Es un ejemplo de lo que sucede cuando se enfrenta el juicio de Dios. Pedro escribe casi lo mismo: Sodoma y Gomorra es de «ejemplo a los que habían de vivir impíamente» (2 Pedro 2:6). Y Judas deja claro que su impiedad implicaba inmoralidad sexual. Fueron castigados por el pecado sexual junto con los otros pecados de los cuales eran culpables. Su destrucción sirve como advertencia: *Dios toma muy en serio el pecado sexual.*

Judas también resalta la perversidad de sus deseos

sexuales: fueron en pos de «vicios contra naturaleza» (NVI); literalmente, *deseos antinaturales*. Algunos han sugerido que eso hace referencia al hecho de que los visitantes de la ciudad eran ángeles; tanto Judas como Pedro también hacen referencia al pecado angelical anteriormente en sus cartas. Sin embargo, estos ángeles aparecieron *como hombres*, y la multitud que vociferaba fuera de la casa de Lot no mostró evidencia de saber que eran ángeles. Su deseo era tener sexo con los *hombres* alojados en la casa de Lot.

Por lo tanto, no solo era impía la forma violenta en que la multitud intentaba satisfacer sus necesidades sexuales, sino también la naturaleza de sus pasiones. Un episodio paralelo en Jueces 19 indica que no solo la pagana Sodoma, sino también el pueblo de Dios cometen este tipo de pecado.

2. Levítico 18 y 20

Levítico contiene dos prohibiciones contra la actividad homosexual:

> No te echarás con varón como con mujer; es abominación (Levítico 18:22).

> Si alguno se ayuntare con varón como con mujer, abominación hicieron; ambos han de ser muertos; sobre ellos será su sangre (Levítico 20:13).

«*Abominación*» se usa a menudo para describir la idolatría, por lo que algunos sugieren que estos versículos no prohíben el comportamiento homosexual en su totalidad, sino solo la prostitución ritual asociada con los templos paganos. Sin embargo, el lenguaje utilizado no es tan específico; los pasajes se refieren en general a un hombre que se acuesta con un hombre «como con [una] mujer», sin especificar un contexto en particular para ese acto. Además, los versículos inmediatos a Levítico 18 y 20 prohíben otras formas de pecado sexual que son de naturaleza genérica, como el incesto, el adulterio y el bestialismo.

Ninguno de estos tiene alguna relación con los templos paganos o la idolatría. Estos actos son moralmente incorrectos, independientemente de quién los cometa y dónde sucedan. También es importante ver que el segundo de estos dos versículos (Levítico 20:13) prohíbe a ambas partes masculinas por igual. No podemos deducir que solo prohíba cosas como la violación gay o una relación forzada. Levítico prohíbe incluso la actividad homosexual consensual en su totalidad.

También es importante ver que el comportamiento homosexual no es el *único* pecado que se describe como «abominación» en la Biblia. Levítico se refiere a otros pecados sexuales exactamente de la misma manera, y Proverbios menciona el lenguaje engañoso, el orgullo y el asesinato como igualmente abominables para Dios. El pecado homosexual no tiene una categoría propia en este sentido.

3. Romanos 1:18-32

Romanos 1 tiene mucho que decir sobre la naturaleza y el carácter del comportamiento homosexual. Vale la pena leer todo el capítulo antes de seguir adelante...

El objetivo de Pablo en estos primeros capítulos es demostrar que el mundo entero es injusto a los ojos de Dios y, por lo tanto, necesita salvación. En Romanos 1:18-32 se dedica al mundo gentil pagano, donde describe su alejamiento de Dios y su vuelco a la idolatría y la iniquidad. Los detalles particulares en el pasaje pueden indicar que Pablo está usando la cultura greco-romana que rodea a sus lectores como un ejemplo.

La sociedad gentil enfrenta la ira de Dios porque ha omitido la verdad que Dios ha revelado sobre sí mismo en la creación (vv. 18-20). En los versículos que siguen, Pablo ilustra cómo ha sucedido eso, y da tres ejemplos de cómo han cambiado lo que conocían de Dios por otra cosa: cambiaron la *gloria* de Dios por imágenes de hombre corruptible (v. 23); la *verdad* de Dios por la mentira, que los condujo directamente a la idolatría y a la adoración de criaturas (v. 25); y no tuvieron en cuenta el *conocimiento* de Dios (v. 28), al cambiar las relaciones «naturales» por «antinaturales»:

Por esto Dios los entregó a pasiones vergonzosas; pues aun sus mujeres cambiaron el uso natural por el que es contra naturaleza, y de igual modo también los hombres, dejando el uso natural de la mujer, se encendieron en su lascivia unos con otros, cometiendo hechos vergonzosos hombres con hombres, y recibiendo en sí mismos la retribución debida a su extravío (Romanos 1:26-27).

En estos versículos se evidencian dos verdades importantes y aleccionadoras:

a. La homosexualidad es antinatural

Pablo describe el comportamiento homosexual tanto de lesbianas como de hombres como «antinatural». Es claramente una afirmación rotunda de la Biblia y, en consecuencia, muy difícil de escuchar para muchas personas. Algunos se han preguntado si «antinatural» podría referirse a lo que es natural para la persona en sí. Si fuera así, Pablo estaría hablando de personas heterosexuales, que participan en actividades homosexuales y que van en contra de su orientación «natural». Por lo tanto, Pablo no estaría condenando todo comportamiento homosexual, sino solo aquello que va en contra de las propias inclinaciones sexuales de la persona.

Sin embargo, aunque resulte atractivo para algunos, esta perspectiva no se puede respaldar por el texto en sí. Las palabras «natural» y «contra naturaleza» no describen nuestra experiencia subjetiva de lo que nos parece natural, sino que se refieren a la forma inalterable de las cosas en la creación. La naturaleza que Pablo señala que el comportamiento homosexual contradice es el propósito de Dios para nosotros, revelado en la creación y reiterado a lo largo de las Escrituras.

Esto muestra por qué no es cierto lo que afirman aquellos con AMS: «¡Es que Dios me hizo así!». Lo que Pablo quiere decir en Romanos 1 es que nuestra «naturaleza» (tal como la experimentamos) no es natural (como Dios lo quiso). Todos tenemos deseos deformados como consecuencia de nuestra naturaleza caída. Los deseos por las cosas que Dios ha prohibido son un reflejo de cómo el pecado nos ha distorsionado, no de cómo Dios nos ha hecho.

La referencia de Pablo al lesbianismo así como a la conducta homosexual masculina también confirma la idea de que está condenando *toda* actividad homosexual, y no solo las relaciones hombre-niño, que se sabe ocurrían en la cultura romana.

La fuerza del lenguaje de Pablo aquí no debe hacernos pensar que la conducta homosexual es la peor o la única forma de comportamiento pecaminoso. Puede que Pablo lo destaque porque es un ejemplo particularmente vívido, y puede haber sido muy pertinente para sus lectores en Roma dado su contexto cultural. De cualquier manera, ilustra algo que nos compete a todos nosotros: cuando rechazamos a Dios, estamos anhelando algo para lo cual no estamos diseñados naturalmente. Esto es tan válido para una persona heterosexual como para una homosexual.

b. La homosexualidad es un signo del juicio de Dios

Pablo escribe esto al mismo tiempo que el evangelio: «Porque la ira de Dios se revela desde el cielo contra toda impiedad e injusticia de los hombres»

(Romanos 1:18). Aunque algún día llegará «el día de la ira y de la revelación del justo juicio de Dios» (Romanos 2:5), ya existe una expresión de la ira de Dios contra el pecado.

Cuando tratamos de visualizar la ira de Dios, muchos de nosotros imaginamos los efectos digitales de una película catastrófica o pensamos en rayos que caen del cielo. Sin embargo, Pablo nos presenta un cuadro muy diferente. Vemos la ira de Dios en que: *nos da lo que queremos*.

En respuesta a los intercambios que Pablo ha descrito, vemos tres ejemplos de Dios que nos *entrega* a una vida como resultado de nuestros deseos pecaminosos. Este es su juicio actual contra el pecado. Pedimos una realidad sin Él, y Él nos permite tener una muestra de cómo es.

En cada caso, esa «entrega» deriva en una intensificación del pecado y una mayor degeneración del comportamiento humano. Dios entrega a la humanidad a los deseos impuros y la conducta deshonrosa de su cuerpo (v. 24), y a «pasiones vergonzosas» (v. 26). El intercambio de las relaciones naturales por las antinaturales lleva a que se entregue a una «mente reprobada» y al florecimiento de todo tipo de maldades, que Pablo describe en una extensa lista de conductas antisociales (vv. 28-31). El pecado conduce al juicio, pero el juicio también conduce a más pecado.

La presencia de todos estos actos pecaminosos es un recordatorio de que vivimos en un mundo que experimenta un anticipo de la ira de Dios hasta que llegue el desbordamiento final de su ira en el día del juicio. Que la actividad homosexual se enumere entre estos actos indica en sí, que es un testimonio de la naturaleza distorsionada de la humanidad pecadora.

Es importante reconocer que Pablo está hablando en términos sociales más que individuales. Está describiendo lo que le sucede a la cultura en su conjunto, no a personas particulares. La presencia del deseo del mismo sexo en algunos de nosotros no es un indicio de que nos hayamos apartado de Dios más que otros, o que Dios nos haya entregado a más pecados que a otros.

Hay un paralelo con el sufrimiento. La presencia de un sufrimiento particular en la vida de alguien no significa que haya pecado más que alguien que sufre menos. Más bien, la presencia de sufrimiento por doquier es una indicación de que como raza estamos bajo el juicio de Dios. De manera similar, la presencia de sentimientos homosexuales en mí me recuerda que mis deseos no son correctos porque el mundo no está bien. Juntos nos hemos apartado de Dios y juntos hemos sido entregados al pecado.

4. 1 Corintios 6:9-10

¿No sabéis que los injustos no heredarán el reino de Dios? No erréis; ni los fornicarios, ni los idólatras, ni los adúlteros, ni los afeminados, ni los que se echan con varones, ni los ladrones, ni los avaros, ni los borrachos, ni los maldicientes,

ni los estafadores, heredarán el reino de Dios
(1 Corintios 6:9-10).

En estos versículos, Pablo describe diferentes tipos de individuos que (a menos que se arrepientan) serán excluidos del reino de Dios. Cuatro tipos se relacionan con el pecado sexual, y dos de ellos específicamente con el comportamiento homosexual. La Reina Valera 1960 se refiere a «los afeminados... [y a] los que se echan con varones», mientras que la Nueva Traducción Viviente lo traduce como «prostitutos o [que] practican la homosexualidad».

Lo que está en juego es mucho: Pablo está dando ejemplos de personas que no estarán en el cielo. Necesitamos asegurarnos de entender exactamente de qué está hablando.

El primero de los dos términos relacionados con la homosexualidad es *malakoi*, que literalmente significa «suave». En la literatura clásica, podría usarse como un término peyorativo para los hombres que eran afeminados; para el compañero pasivo más joven en una relación pederasta (hombre-niño); o para referirse a los prostitutos masculinos (de ahí la traducción de la NTV). En 1 Corintios 6, *malakoi* aparece en una lista que describe formas genéricas del pecado sexual, y este contexto sugiere que tal vez Pablo lo esté usando de una manera amplia para referirse a las parejas pasivas en las relaciones sexuales homosexuales.

Esto también se ajusta al hecho de que Pablo pone *malakoi* a la par con el segundo término que usa.

Arsenokoítai es un compuesto de «varón» (*arsen*) y «coito» (*koítes*, literalmente «cama»). Estas son las dos palabras usadas en la traducción griega de Levítico 18:22 y 20:13, lo cual sugiere que Pablo se está refiriendo a esos dos pasajes.

Arsenokoítai, entonces, es un término para la relación sexual en general entre personas del mismo sexo, y al ponerlo a la par de *malakoi* indica que Pablo se está dirigiendo tanto al partícipe activo como al pasivo en el sexo homosexual.

Entonces, ¿qué significa todo esto para nuestra comprensión de la homosexualidad?

El pecado homosexual es grave. Pablo declara que los homosexuales activos, que no se arrepienten (como todos los injustos), no entrarán en el reino de Dios. Esta es una verdad muy cruda.

Pablo también les recuerda a sus lectores que no se engañen en este asunto. Supone que habrá quienes nieguen su enseñanza y argumenten que algunas formas de conducta homosexual son aceptables para Dios. Sin embargo, Pablo es claro: la conducta homosexual lleva a la gente a la destrucción. Enseñar lo contrario (como tristemente hacen muchos líderes que afirman ser cristianos) equivale a enviar a las personas al infierno. Este es un tema del evangelio (ver el cuadro de la página 84).

El pecado homosexual no es el único. La lista de Pablo incluye otras formas de pecado sexual (inmoralidad sexual y adulterio) e incluye formas de pecado no sexuales (embriaguez y robo, por ejemplo). El pecado homosexual es sumamente grave, pero no es el único. Es muy malo, pero también lo es la avaricia. Dios juzgará a los que se complacen en practicarlo, pero también juzgará a los ladrones.

Por lo tanto, nunca debemos insinuar que la homosexualidad es el pecado de nuestra época. Si queremos ser fieles a las Escrituras, también debemos predicar contra el robo, la avaricia, la embriaguez, el ultraje y el fraude, muchos de los cuales también se banalizan en la sociedad occidental, y todos los cuales también caracterizan a los injustos. No obstante, también hay una promesa maravillosa en este pasaje:

El pecado homosexual no es irremediable

Pablo continúa en el versículo 11:

> Y esto erais algunos; mas ya habéis sido lavados, ya habéis sido santificados, ya habéis sido justificados en el nombre del Señor Jesús, y por el Espíritu de nuestro Dios (1 Corintios 6:11).

Estas formas de comportamiento no son apropiadas para los cristianos de Corinto, por el hecho de que *ya no son así*. Evidentemente, algunos de ellos habían sido homosexuales activos. Así vivían antes, *pero ya no*. Han sido lavados, santificados y justificados; perdonados, limpiados de sus pecados y apartados para Dios. Tienen una nueva posición e identidad ante Él.

No importa cuán arraigada pueda estar en el comportamiento de alguien, la conducta homosexual no es irremediable. Es posible que Dios transforme a alguien que vive un estilo de vida gay practicante. Las tentaciones y los sentimientos bien pueden perdurar. Que Pablo advierta a sus lectores que no vuelvan a su forma de vida anterior, sugiere que todavía persiste en ellos el deseo de hacerlo; pero en Cristo ya no somos quienes éramos. Los que han salido de un estilo de vida gay activo deben entender cómo verse a sí mismos. Lo que nos definía antes, ya no nos define.

5. 1 Timoteo 1:9-10

Conociendo esto, que la ley no fue dada para el justo, sino para los transgresores y desobedientes, para los impíos y pecadores, para los irreverentes y profanos, para los parricidas y matricidas, para los homicidas, para los fornicarios, para los sodomitas, para los secuestradores, para los mentirosos y perjuros, y para cuanto se oponga a la sana doctrina (1 Timoteo 1:9-10).

Pablo vuelve a usar el término *arsenokoítai* (que la RVR1960 traduce como: «los que se echan con varones» y la NTV como «prostitutos») como un término genérico para todas las formas de conducta homosexual. Además, al igual que en 1 Corintios, la relación sexual entre personas del mismo sexo se menciona entre otros pecados de amplio alcance, tanto sexuales como no sexuales.

Estos comportamientos caracterizan a los que no

son «justo[s]», y para quienes se dio la ley para traer convicción de pecado y la necesidad de misericordia. Todas estas prácticas contradicen la «sana doctrina» y el evangelio. No se ajustan a la vida que los cristianos ahora deben llevar. Van en contra de la nueva identidad que tenemos en Cristo.

Este ha sido un capítulo difícil de leer para muchos de nosotros. ¡Y no fue un capítulo fácil de escribir! Cada vez que la Biblia habla del comportamiento homosexual, es directamente para condenarlo. La enseñanza consecuente de la Biblia es clara: Dios prohíbe la actividad homosexual. Dado lo que la Biblia declara sobre el propósito de Dios para el sexo y el matrimonio, esto no debería sorprendernos.

De hecho, la situación es peor de lo que muchos podrían pensar. Dios se opone a toda actividad sexual fuera del matrimonio heterosexual. No es que la Biblia se oponga a toda actividad homosexual, sino que aprueba cualquier acto sexual entre personas heterosexuales.

Sin embargo, para los que experimentan sentimientos homosexuales o para los que están cerca de personas que lo experimentan, estas enseñanzas de la Biblia pueden ser muy difíciles. Y pueden ser particularmente difíciles para aquellos de nosotros que somos cristianos y aún experimentamos AMS. ¿Qué significa esto para nosotros? ¿Estos sentimientos nos excluyen como cristianos?

Asombrosamente, la respuesta, es «¡no!». *Descubriremos por qué en el próximo capítulo.*

Seguramente, están aprobadas las relaciones entre personas del mismo sexo mientras exista compromiso y fidelidad, ¿no es cierto?

Uno de los argumentos que, habitualmente, se plantean hoy en favor de las parejas del mismo sexo es que, seguramente, lo que debe contar por encima de todo es la fidelidad y el compromiso. ¿No debería ser la fidelidad en una relación lo que determine su rectitud moral en lugar del género de los que participan en ella? Un estilo de vida gay promiscuo con diferentes parejas y encuentros de una sola noche podría estar mal; pero dos personas que se aman y son fieles a una promesa que hayan hecho, ¿está bien?

Puede parecer un argumento convincente, y cada vez es más común encontrar cristianos que consienten este tipo de expresión de la práctica homosexual. Sin embargo, hay varias cosas importantes que decir en respuesta.

En 1 Corintios 5, Pablo reprende a la iglesia de Corinto por aceptar una relación ilícita. Un hombre mantiene una relación con la esposa de su padre, quizá su madrastra, un proceder expresamente prohibido en Levítico 18. Pablo está consternado. Ni los paganos de la sociedad corintia permitirían tal cosa (1 Corintios 5:1); y, sin embargo, aquí está sucediendo a plena vista entre el pueblo de Dios.

La respuesta de Pablo a esta situación es instructiva, tanto por lo que no dice como por lo que dice. No hay dudas sobre el amor que se tiene esta pareja en particular. Pablo no pregunta sobre su nivel de compromiso o si son fieles. Ese no es el problema. Estén o no en una relación comprometida a largo plazo, no viene al caso; el hecho es que está mal y no debería estar sucediendo.

Pablo no distingue entre las relaciones ilícitas fieles y las relaciones ilícitas perversas, como si estas últimas estuvieran fuera de los límites, pero las primeras solo podrían entrar en conflicto en virtud de su fidelidad. La constancia y la fidelidad mientras se peca no disminuyen el pecado. Pablo pide que el miembro de la iglesia en cuestión sea expulsado de la confraternidad, y que toda la iglesia se lamente por lo sucedido (1 Corintios 5:2). La fidelidad demostrada en una relación, que de otro modo estaría prohibida, no la hace menos pecaminosa.

En varias áreas de la vida es posible demostrar buenas cualidades al hacer algo malo. El ladrón de una pandilla puede demostrar una lealtad impecable a sus compañeros pandilleros durante el acto del robo: al cuidar de ellos, protegerlos del peligro y darles una proporción generosa de lo robado. Nada de eso disminuye en absoluto la inmoralidad del acto; solo significa que está siendo un «buen» ladrón en lugar de un «mal» ladrón. Como hemos visto, las Escrituras son claras en su prohibición de cualquier actividad homosexual. La actividad que es fiel y comprometida no es más permisible que la actividad promiscua e infiel.

Pero Jesús nunca menciona la homosexualidad, entonces ¿cómo puede estar mal?

A veces se dice que, como Jesús nunca mencionó directamente la homosexualidad, puede no haber estado en contra de ella. Sin embargo, aunque Jesús no menciona directamente la homosexualidad, en su enseñanza sobre el pecado sexual, se refiere a ella. Considera lo siguiente:

> Lo que sale de la persona es lo que la contamina. Porque de adentro, del corazón humano, salen los malos pensamientos, la inmoralidad sexual, los robos, los homicidios, los adulterios, la avaricia, la maldad, el engaño, el libertinaje, la envidia, la calumnia, la arrogancia y la necedad. Todos estos males vienen de adentro y contaminan a la persona (Marcos 7:20-23, NVI).

Jesús dice que hay cosas que contaminan espiritualmente a una persona delante de Dios. En esta lista, Él incluye (entre otras cosas) ejemplos de pecado sexual: adulterio, libertinaje e inmoralidad sexual. «Inmoralidad sexual» es la traducción de un vocablo griego, *porneia* (del cual obtenemos la palabra «pornografía»), algo así como un término genérico para cualquier actividad sexual fuera del matrimonio. Esto va más allá del coito para incluir cualquier actividad de naturaleza sexual. Ninguno de los oyentes de Jesús habría dudado de que su referencia a la *porneia* incluyera el comportamiento homosexual.

Imagina que este domingo, en un impulso inusual de generosidad, decidiera agradecer a todos los asistentes a la iglesia con un obsequio de 1.000 dólares. Todos los presentes son elegibles y solo necesitan venir a verme a la puerta. Ahora bien, si estuvieras presente cuando hiciera esa promesa, estarías incluido en ella. No he mencionado tu nombre; no me he dirigido a ti directamente, pero te he incluido. En sus prohibiciones contra la inmoralidad sexual, Jesús no menciona la homosexualidad, pero sí la incluye.

Es necesario hacer otra observación. Además de condenar el pecado sexual fuera del matrimonio, Jesús indicó que la única alternativa piadosa al matrimonio era el celibato. En Mateo 19, cuando Jesús describió el propósito de Dios para el matrimonio humano, sus discípulos respondieron con exasperación: «Si así es la condición del hombre con su mujer, no conviene casarse» (Mateo 19:10). Pensaban que la enseñanza de Jesús era una píldora amarga de tragar. Si el matrimonio es tan importante, consideraban que tal vez sería mejor no casarse.

Lo que Jesús les responde es muy significativo:

> **No todos son capaces de recibir esto, sino aquellos a quienes es dado. Pues hay eunucos que nacieron así del vientre de su madre, y hay eunucos que son hechos eunucos por los hombres, y hay eunucos que a sí mismos se hicieron eunucos por causa del reino de los cielos. El que sea capaz de recibir esto, que lo reciba (Mateo 19:11-12).**

Los eunucos eran los célibes de la época, y Jesús indica que su celibato podría ser de nacimiento, por intervención humana o por la decisión voluntaria de renunciar al matrimonio. Cualquiera que sea su causa, el hecho de que Jesús toque ese tema después que sus discípulos se negaran al compromiso y la seriedad del matrimonio muestra que Jesús lo considera como la única alternativa.

O te casas, o permaneces soltero.

No hay una tercera posibilidad, ya sea de una pareja homosexual o una pareja heterosexual no casada. En lo que concierne a Jesús, las alternativas piadosas que tenemos son el matrimonio (heterosexual) o el celibato.

Capítulo 3

La homosexualidad y el cristiano

Deberíamos esperar que muchos cristianos experimenten alguna forma de atracción hacia personas del mismo sexo. Vivimos en un mundo caído. La creación ha sido afectada por nuestro pecado. Ha sido sometida a vanidad (Romanos 8:20). Hay enfermedad. Hay desorden. Eso afecta nuestro cuerpo, nuestro corazón y también nuestra mente. Los cristianos sucumben a los estragos de este orden caído tanto como cualquiera. Ser cristiano no nos hace menos propensos a padecer una enfermedad, enfrentar una tragedia o sentir inseguridades. Todos experimentamos deseos sexuales caídos, ya sea que esos deseos sean heterosexuales u homosexuales por naturaleza. No es anticristiano experimentar atracción hacia personas del mismo sexo más de lo que no es anticristiano enfermarse. Lo que nos distingue como cristianos no es que nunca experimentemos tales cosas, sino cómo respondemos en esos momentos.

Entonces, ¿qué hay de un cristiano que siente atracción hacia personas del mismo sexo? ¿Cómo debería responder? Mi recomendación es hacer una serie de cosas.

1. Orar

Los cristianos que experimentan atracción hacia personas del mismo sexo necesitan hablar con el Señor al respecto. Es importante saber que es un tema sobre el que podemos hablar con nuestro Padre celestial. Los sentimientos homosexuales no nos excluyen de su presencia. El tema no está prohibido. Él no es menos nuestro Padre, y nosotros no somos menos sus hijos amados por experimentar algo como esto.

a. Podemos hablar con Dios sobre cualquier confusión y angustia que podamos sentir

Es posible que no sepamos de dónde vienen esos sentimientos o qué significan para el futuro, pero Dios nos conoce hasta en lo más profundo. Podemos sentirnos muy cómodos con el hecho de que Él tiene el control total, y que *en todas las cosas* (incluidas esta clase de experiencias no deseadas) Él está obrando para nuestro bien. Dios promete darnos sabiduría cuando carecemos de ella «abundantemente y sin reproche» (Santiago 1:5). Él es la primera y la mejor persona a quien podemos acudir en toda angustia y confusión.

b. Podemos hablar con Dios de nuestras tentaciones

Jesús nos enseñó a orar al Padre para ser libres de la tentación (Mateo 6:13). Puede ser útil expresar y confesar en oración la naturaleza específica de nuestras tentaciones. Dios es quien nos da la fuerza para resistir la tentación. Además, Jesús mismo no solo puede «compadecerse de nuestras debilidades», sino que también «fue tentado en todo según nuestra semejanza, pero sin pecado» (Hebreos 4:15). Él sabe lo que es luchar contra la tentación y puede comprendernos cuando somos tentados. Esto lo convierte en un grandioso Salvador a quien orar. Podemos acercarnos a Jesucristo con toda confianza. Él no está distante ni carece de comprensión.

c. También podemos hablar con Dios de nuestros pecados

Puede haber varias formas de caer en la tentación homosexual en nuestros pensamientos o acciones. Está bien que tales pecados carguen de gran peso nuestro corazón, *pero debemos alegrarnos de que no sean imperdonables*. Cristo murió también por pecados como estos. El apóstol Juan nos recuerda que «si confesamos nuestros pecados, él [Dios] es fiel y justo para perdonar nuestros pecados, y limpiarnos de toda maldad» (1 Juan 1:9). Es una bendición maravillosa saber que podemos hablar con Dios sobre las peores cosas que hemos hecho y pensado.

2. Piensa correctamente

Los cristianos deben pensar con claridad sobre lo que sí significan y no significan tales sentimientos.

a. No te descalifican

He conocido a muchos cristianos que han dicho que sus experiencias de AMS les han hecho sentir profunda y espiritualmente sucios. Algunos han hablado de sentirse como «una manzana podrida», como si fueran irreconciliables y por siempre desagradables para Dios.

Es fácil hacer comparaciones con los que experimentan alguna tentación heterosexual; al menos están siendo tentados por una forma de expresión sexual para la que fueron diseñados. Esto puede hacer que quienes luchan con AMS se sientan doblemente avergonzados: no solo tentados por algo que es incorrecto, sino también equivocado.

Existe un correcto entendimiento de que no es así como hemos sido diseñados. Tales sentimientos nos brindan una maravillosa oportunidad de recordar el evangelio. Nunca podríamos ser aceptables para Dios sobre la base de nuestros propios méritos y acciones. Jamás se ha esperado que tengamos un valor intrínseco o una limpieza espiritual natural. Todo lo contrario. Solo «en Cristo» somos justos a los ojos de Dios (2 Corintios 5:21). Y es asombroso que ninguna experiencia de tentación, por incesante que parezca, constituya alguna vez una amenaza para ello. En Cristo somos presentados santos y sin mancha delante de Dios (Colosenses 1:22).

b. No te definen

Es fácil magnificar estos sentimientos en otro aspecto: pensar que representan la suma total de nuestra identidad. Vivimos en una cultura donde la sexualidad se equipara casi con la identidad: «Tú eres tu sexualidad». Nos alientan a creer que experimentar sentimientos homosexuales significa que eres, en tu esencia más profunda, un homosexual.

Es muy fácil para los cristianos perder una perspectiva saludable al respecto. Podemos pensar que la AMS es *el* problema de nuestra vida cristiana, como si ningún otro pecado o lucha justificara una seria atención. Mi propia percepción es que lucho con la avaricia mucho más que con la tentación sexual, pero la AMS puede convertirse en el lente a través del cual veamos toda nuestra vida cristiana. Sí, tiene un efecto significativo en varias áreas definidas de la vida, pero no define tu vida.

Como ya hemos visto, Pablo puede hablar de hombres y mujeres cristianos que alguna vez practicaron la homosexualidad: «Y esto erais algunos» (1 Corintios 6:11). Algunas de las tentaciones pueden persistir, pero nuestra identidad ha cambiado radicalmente.

También es importante entender que la sexualidad no es necesariamente una cosa estática. Nuestros deseos en una etapa del desarrollo pueden no ser iguales que en otra. Esto quizá sucede especialmente en la pubertad, cuando las atracciones sexuales pueden cambiar de manera considerable. He conocido a muchos hombres y mujeres que han pasado por períodos de AMS en la adolescencia, solo para descubrir que sus deseos finalmente volvieron a la atracción hacia el sexo opuesto. En el curso evolutivo de los acontecimientos, una vez que se experimenta AMS no necesariamente significa que siempre será AMS; es aún más importante que alguien que experimenta AMS por primera vez no suponga que a partir de ahora vivirá con esa «orientación» durante el resto de su vida.

3. Busca el apoyo de otros

Hablar con otros puede ser muy difícil. Si solo hemos escuchado hablar de homosexualidad en términos fuertemente negativos en la iglesia, entonces podemos sentirnos incómodos al hablar con otros creyentes sobre nuestras propias experiencias de sentimientos homosexuales.

A veces, los cristianos con AMS sienten que están defraudando a otros al tener estos sentimientos, o que sus amigos cristianos e incluso pastores estarán decepcionados de ellos. Sin embargo, nunca decepcionamos a nadie cuando hablamos con otros de nuestras luchas. En realidad, es un privilegio enorme que otro cristiano nos comente sobre una lucha personal. ¡Todos somos débiles! Ningún cristiano está diseñado para luchar solo. Todos los cristianos necesitan el apoyo de los demás. Estamos llamados a «[sobrellevar] los unos las cargas de los otros, y [cumplir] así la ley de Cristo» (Gálatas 6:2).

¿Puede Dios cambiar nuestros deseos sexuales?

En cierto sentido, la respuesta a esta pregunta es un «sí» rotundo. Sabemos que en Cristo tenemos la esperanza futura de la eternidad en la nueva creación, donde ya no experimentaremos las tentaciones y las consecuencias del pecado. Tendremos cuerpos renovados. No habrá más lágrimas. Toda angustia habrá terminado. No tendremos más luchas con la sexualidad. En la eternidad, seremos transformados para siempre a semejanza de Cristo. Esta es la esperanza segura del cristiano.

Ahora bien, *¿y en esta vida?* ¿Es posible que Dios *cambie* nuestros deseos sexuales antes de llegar a la nueva creación?

Creo que el cambio es posible, pero nunca se promete un cambio completo de orientación sexual en la Biblia.

Los cristianos creen que Dios es soberano y, como tal, puede sanarnos por obra de su Espíritu Santo, incluso en esta vida, de cualquier debilidad que hemos experimentado, y también liberarnos de cualquier patrón de comportamiento negativo. No hay ninguna duda de que Dios *puede* cambiar nuestros deseos sexuales, y hay numerosos testimonios de que Dios hizo precisamente eso.

Pienso en un buen amigo mío que vio cómo sus

deseos sexuales cambiaban de manera rápida y drástica. Como un joven cristiano, experimentaba deseos exclusivamente homosexuales. Cuando empezó a aceptar ese hecho y a contárselo a familiares y amigos, descubrió que hubo un súbito cambio en él. Se enamoró de una mujer que conocía, y ahora está felizmente casado con ella desde hace varios años. Desde entonces, no ha experimentado ningún sentimiento homosexual. No había estado buscando activamente el cambio, pero de todos modos llegó. He leído y oído hablar de otros cristianos que han experimentado un nivel similar de cambio, aunque no necesariamente tan repentino.

Sin embargo, esta no ha sido una experiencia universal. Hay cristianos que han orado fervientemente por un cambio y lo han experimentado; hay otros que han orado con igual fervor, pero no lo han experimentado.

Necesitamos recordar que como cristianos vivimos entre dos realidades:

1. Cuando nos convertimos a Cristo, somos hechos nuevos

> De modo que si alguno está en Cristo, nueva criatura es (2 Corintios 5:17).

Dios nos ha dado un nuevo ser (Efesios 4:24). El evangelio ha traído no solo un cambio *en* nosotros, sino un cambio *de* nosotros. Hemos sido hechos nuevos o, para usar el lenguaje de Jesús, hemos nacido de nuevo (Juan 3:3).

2. Pero todavía no hemos recibido la plenitud de nuestra salvación como hijos de Dios

Todavía esperamos «la adopción [como hijos], [y] la redención de nuestro cuerpo» (Romanos 8:23). Continuamos nuestra lucha con el pecado. La tentación no cesa. La sanidad completa y la liberación que anhelamos no están prometidas en este lado de la nueva creación.

Por esta razón, atrapados entre estas dos realidades, Pablo dice que gemimos (Romanos 8:23). Hemos tenido un anticipo de nuestra adopción como hijos y, por lo tanto, la anhelamos en toda su plenitud, es como probar una cucharada de una deliciosa comida que nos están preparando y darnos cuenta de inmediato de lo hambriento que estamos y de lo maravilloso que será sentarse a la mesa y comer hasta saciarnos.

Hay momentos cuando Dios, en su bondad, nos permite experimentar parte de nuestra realidad futura en medio de nuestra experiencia actual y nos concede una sanidad y liberación radical. Tales ocasiones demuestran drásticamente el poder de Dios sobre otras fuerzas en nuestra vida. Damos gracias a Dios cuando esto sucede, pero Dios *también* es glorificado a medida que aprendemos a regocijarnos en Él, incluso cuando la aflicción permanece y el cambio parece ser muy lento, o cuando sentimos como si retrocediéramos.

El cambio en esta vida es posible, pero no prometido. Por lo tanto, no debemos suponer que nunca podrá suceder o que debe suceder. Necesitamos aprender a confiar en el Dios que conoce el fin desde el principio, y siempre hace precisamente lo correcto.

¿Podemos realmente esperar que los cristianos solteros que se sienten atraídos por personas del mismo sexo permanezcan solteros?

Ya hemos visto que la Biblia prohíbe cualquier actividad sexual fuera del matrimonio heterosexual. Es posible que algunos cristianos con AMS se casen. Esto puede ser porque experimentan cierto cambio en sus deseos sexuales o bien porque descubren que, a pesar de la tentación homosexual que experimentan, pueden disfrutar de un matrimonio feliz con alguien del sexo opuesto.

Pienso en el caso de un número de mujeres y hombres que conozco. Sus deseos siguen siendo predominantemente homosexuales; sin embargo, han encontrado una compañía profunda y una química sexual suficiente (si no, exactamente, «fuera de serie») en un matrimonio heterosexual.

Sin embargo, ¿qué hay de los hermanos y hermanas para quienes el matrimonio es poco realista? ¿Se les exige que permanezcan solteros? ¿Es realista?

La respuesta de la Biblia a estas dos preguntas es «*sí*».

Como ya hemos visto, cuando Jesús habla de una alternativa al matrimonio, no menciona el concubinato, las parejas del mismo sexo o cualquier otro tipo de relación sexual. Menciona a los eunucos, el célibe (Mateo 19:10-12). Esta es la única alternativa piadosa al matrimonio heterosexual. Mientras alguien no esté casado, debe abstenerse de la actividad sexual. «Celibato» y «castidad» son palabras algo pasadas de moda, pero captan la esencia de lo que se está hablando: la soltería y la abstinencia sexual.

Soltería saludable

¿Es saludable permanecer soltero? En nuestros días, donde se fomenta la libre expresión sexual, ¿podemos esperar que las personas no casadas se abstengan de toda actividad sexual?

En cierto sentido, la pregunta se responde de inmediato si ya estamos comprometidos con la autoridad de la Biblia. La Palabra de Dios es clara. Si creemos en la Biblia, debemos obedecerla en este punto. No servirá de nada fingir creer en la Biblia (la posición del cristianismo tradicional a lo largo de la historia de la iglesia), pero luego rechazar enseñanzas particulares a nuestra propia discreción. Eso nos haría a nosotros, y no a Dios, decidir qué es la verdad.

La Biblia señala los aspectos positivos de la soltería. Puede haber diferentes razones por las que alguien permanezca soltero de por vida (como Jesús mismo reconoce a los eunucos en Mateo 19); pero en cada caso puede ser un medio de bendición, tanto para nosotros mismos como para los demás.

Pablo habla de estar soltero como un «don» de Dios (1 Corintios 7:7), así como el don de estar casado. La soltería no es solo la ausencia de un matrimonio, sino un estado que es bueno y bendito en sí mismo. Cada estado (casado y soltero) tiene sus propios altibajos, oportunidades y retos, tristezas y alegrías.

La Biblia es muy positiva con respecto a la soltería. Jesús mismo permaneció soltero, y esto es muy significativo. Él era la persona más humana y plena que jamás haya existido. Su soltería no disminuyó en absoluto su humanidad. No por eso era menos persona. Nadie lo es. El matrimonio, a pesar de todas sus bendiciones, no es requisito para sentirse pleno y totalmente realizado como persona.

La soltería tiene ciertas ventajas. Pablo indica algo obvio: que la persona soltera evita ciertas «aflicciones» en esta vida (1 Corintios 7:28). La vida matrimonial y familiar puede ser difícil, a veces sumamente difícil. Hay muchas responsabilidades, que consumen tiempo y energía a un cristiano casado y con hijos.

Como pastor, paso mucho tiempo con una variedad de familias, tanto dentro como fuera de la iglesia. A veces me pongo un poco melancólico: participar de un juego en familia, ayudar a los niños con la tarea y hacer dormir al bebé recién nacido sobre mi hombro. Y siento deseos de tener mi propia familia.

Sin embargo, ¡en otras ocasiones, me sucede todo lo contrario! Paso la puerta de entrada ingenuamente solo para descubrir que ha estallado la Tercera Guerra Mundial en esa casa. Hay gritos, desorden y lágrimas sofocantes. Me siento tenso y molesto solo por estar allí. Intento calcular cuánto tiempo puedo permanecer allí antes que se vea grosero irme. (Doce minutos está bien, especialmente si puedo decirles que les haré otra visita pastoral).

¡En esos momentos estoy en silencio agradecido por el don de la soltería!

La soltería también brinda oportunidades particulares. La persona soltera, dice Pablo, está menos dividida en su devoción a Dios (1 Corintios 7:32-35). En toda la complejidad de la vida familiar, la devoción al Señor no siempre es simple: se nos empuja en distintas direcciones a la vez. Sin embargo, para un cristiano soltero podría ser mucho más sencillo. El servicio y el ministerio pueden tener toda nuestra atención.

Las personas solteras a menudo tienen una mayor capacidad para la amistad, una mayor flexibilidad de estilo de vida y son libres de servir en una mayor gama de ministerios que en el caso de sus amigos casados. Como hombre soltero, estoy agradecido de poder dejar todo para pasar tiempo con amigos que lo necesitan. Significa mucho para mí, y no sería tan fácil si estuviera casado. También estoy agradecido por la gran variedad de buenas amistades que he podido cultivar.

Es un privilegio ser parte de la vida de muchas otras personas de esta manera.

La bendición de la soltería

Aquellos de nosotros que somos solteros debemos aprovechar al máximo las oportunidades que ofrece la soltería para profundizar y expresar nuestra devoción a Dios. Lejos de ser un lastre, la soltería puede ser una bendición maravillosa, tanto para nosotros como para otros. Para los que hace mucho tiempo que son solteros, los retos y las oportunidades cambiarán con el tiempo. La soltería a los veinte años es una experiencia muy diferente a la de los cincuenta años. Algunas cosas se pondrán más difíciles; otras serán más fáciles. El tipo de apoyo que necesitaremos de los demás y el tipo de apoyo que podamos brindar a los demás puede cambiar considerablemente a lo largo de los años.

La historia de la iglesia está llena de solteros de por vida que han sido una enorme bendición para el pueblo de Dios y para el resto del mundo. Algunos, a través de la actividad misionera, otros a través del ministerio de la iglesia y otros a través de la amistad fiel y el apoyo a los demás. ¡Qué honor que Dios nos use de tal manera!

¿Cuáles son las principales luchas para un cristiano homosexual?

Cada persona lucha de diferentes maneras. No todas las luchas de un cristiano con AMS son exclusivas de los que atraviesan esta experiencia. Sin embargo, a menudo se mencionan las siguientes como dificultades típicas de quienes luchan con sentimientos homosexuales.

Soledad: Aunque con frecuencia hay actividades y grupos de la iglesia para personas solteras, a menudo, la vida social de una iglesia podría parecer como si estuviera dirigida a las parejas y las familias. Los solteros podrían sentirse un poco como piezas de repuesto, especialmente si se encuentran en una etapa de la vida en que la mayoría de sus pares se han casado.

Para algunos es difícil saber qué hacer con las vacaciones; las personas tienden a irse con sus familias o con otras parejas y familias. Pienso en un hermano cristiano que suele sentirse agotado debido al exceso de trabajo, pero dice que trabaja de más porque es demasiado doloroso pensar en tener que pasar el tiempo solo.

Es más fácil llenar el día de trabajo y ministerio. Dice que le da temor preguntarle a alguien cuáles son sus planes para las vacaciones. Para otros, la dificultad es la experiencia de volver del trabajo todos los días a una casa vacía; no ser la persona principal en la vida de otro, o tener a alguien que piense en ti de una manera especial. Incluso escuché a una hermana cristiana decir: «¡Solo quiero ser la persona principal para alguien!». Otros han dicho que temen al día de su cumpleaños, debido a la ausencia de una persona que los haga sentir especiales.

Esto a menudo está relacionado con el **aislamiento**. Los cristianos solteros a menudo carecen de compañerismo: tener personas con quienes «no hacer nada». Uno de los regalos más amables que recibí fue el de una familia a la que visito con bastante frecuencia. Estaba a punto de irme y, como regalo de despedida, me dieron una pequeña caja de regalo. Lo que había dentro no era ni grande ni caro, sin embargo significaba todo para mí: una llave de repuesto de su casa. Fue un maravilloso gesto de consideración.

La tentación sexual: La tentación sexual de uno u otro tipo es una lucha para la mayoría de los cristianos, y una lucha particular para muchos. Experimentar AMS no hace que la tentación sexual sea más o menos intensa que para cualquier otra persona. No obstante, puede ser un problema difícil, especialmente si no hay nadie con quien hablar. Cualquier batalla que se enfrenta solo es más difícil.

Experimentar AMS no necesariamente significa que te sentirás atraído por cada persona del mismo género con el que te encuentres, al igual que las personas heterosexuales no se sienten atraídas por todas las personas que conocen. Sin embargo, puede haber momentos de profunda atracción con amigos particulares.

Para algunos, la atracción es más emocional que física. Conozco a varias personas con AMS que luchan con una dependencia emocional de los demás que no es saludable. Puede ser angustioso cuando una amistad, que de otro modo sería buena, comienza a convertirse en el objeto de un anhelo intenso y no deseado. Un amigo describió la experiencia como tomar «heroína de amistad»: encontrarte repentinamente «drogado» cuando recibes la atención de un amigo en particular, y luego sentir una abrumadora sensación de vacío cuando estás separado de esa persona. Huelga decir que, en esos momentos, es vital contar con otros que te ayuden y te apoyen y con quienes puedas hablar de lo que te sucede.

¿Cómo puede esto ser parte de los propósitos de Dios?

La Biblia nos asegura que «a los que aman a Dios, todas las cosas les ayudan a bien» (Romanos 8:28). «Todas las cosas» incluyen las tendencias pecaminosas con las que luchamos e incluso los errores que cometemos en relación con ellas. «Todas las cosas» incluyen cosas que no estarían aquí si no fuera por la caída y que no estarán presentes en la nueva creación; sin embargo, en el aquí y ahora Dios puede usarlas para nuestro bien. Pablo es preciso sobre qué significa nuestro bien. Nuestro bien es llegar a ser como Cristo:

> Y sabemos que a los que aman a Dios, todas las cosas les ayudan a bien, esto es, a los que conforme a su propósito son llamados. Porque a los que antes conoció, también los predestinó para que fuesen hechos conformes a la imagen de su Hijo, para que él sea el primogénito entre muchos hermanos (Romanos 8:28-29).

El buen plan de Dios es que haya una gran multitud de personas como Cristo. Este es el bien que quiere lograr por medio de todas las cosas. Es un gran consuelo para un cristiano que lucha con AMS saber que, en las manos de Dios, tal lucha puede convertirse en un medio de la gracia de Dios.

Pablo podía dar fe de esto por propia experiencia. En 2 Corintios 12 habla de tener un «aguijón en mi carne»:

> Y para que la grandeza de las revelaciones no me exaltase desmedidamente, me fue dado un aguijón en mi carne, un mensajero de Satanás que me abofetee, para que no me enaltezca sobremanera; respecto a lo cual tres veces he rogado al Señor, que lo quite de mí. Y me ha dicho: Bástate mi gracia; porque mi poder se perfecciona en la debilidad (2 Corintios 12:7-9).

Pablo no nos revela exactamente cuál era ese «aguijón». Puede haber sido una dolencia crónica, una forma recurrente de tentación o quizá una persona difícil. No lo sabemos, pero dice que era insoportable por lo cual rogaba ser libre de eso.

También indica la fuente de su procedencia. Dios se lo había «dado» para evitar que Pablo se enalteciera. Y fue a Dios a quien Pablo le pidió que se lo quitara. Pero Pablo también lo describe como «un mensajero de Satanás», cuyo propósito era abofetearlo. Es evidente que no era algo bueno. Y, sin embargo, el propósito de Dios era que permaneciera en la vida de Pablo y que redundara para su bien. La voluntad de Dios para Pablo era para algo más grande que el alivio de ese tormento: para que apreciara la suficiencia total de la gracia de Dios.

Tales pasajes ofrecen un gran estímulo a los que luchan con AMS. Para algunos, la batalla puede ser muy dolorosa. Para otros, puede durar muchos años. Sin embargo, para los propósitos de Dios, no es una experiencia perdida. A través de ella podemos llegar a ser más semejantes a Cristo y más capaces de comprender la vasta dimensión de su gracia. No hay nada mejor para nosotros que eso. Entonces, una «victoria» para los cristianos que luchan con AMS no es que las tentaciones desaparezcan, sino que, en el fragor de la lucha, puedan apreciar más y más a Cristo.

Luchar con sentimientos homosexuales es solo eso: una lucha. Sin embargo, muchos cristianos que conozco pueden dar testimonio de cómo Dios ha hecho que sus experiencias redunden para bien. Algunos han dicho que el Señor los ha hecho más compasivos y sensibles de lo que, de otro modo, podrían haber sido. Otros hablan de las oportunidades de ministerio que les ha brindado, y de cómo han podido apoyar y alentar a otras personas que conocen y luchan con AMS. Algunos han tenido la oportunidad de testificar de su fe con sectores de la comunidad gay, que serían inalcanzables para el testimonio convencional de la iglesia. Sin embargo, quizá sobre todo, puedan decir cómo tales luchas, con todo el caos y la inseguridad que traen consigo, los han llevado a una apreciación más profunda de cuán insondablemente bueno es Dios.

¿No estamos eligiendo a propia discreción qué leyes del Antiguo Testamento aplicar?

> También el cerdo, porque tiene pezuñas, y es de pezuñas hendidas, pero no rumia, lo tendréis por inmundo (Levítico 11:7).

> No vestirás ropa de lana y lino juntamente (Deuteronomio 22:11).

> No te echarás con varón como con mujer; es abominación (Levítico 18:22).

Parece inconsecuente que los cristianos se opongan a la homosexualidad mientras ignoran muchas otras reglas de la Biblia con respecto a asuntos como la dieta y la vestimenta. A simple vista, parece un argumento muy fuerte. Acabo de comer cerdo y estoy escribiendo esto mientras uso una camisa hecha de una mezcla de fibras; ambas cosas estaban prohibidas para el pueblo de Dios en el Antiguo Testamento.

El problema con esta objeción es que supone que los cristianos toman de la misma manera cada parte de la ley del Antiguo Testamento. De hecho, la visión cristiana propia del Antiguo Testamento es un poco más variada que eso.

El Antiguo Testamento no es un paisaje plano. No es solo una lista de instrucciones y reglas, cada una de las cuales es igualmente vinculante. Tiene una forma particular, una forma cuyos contornos, énfasis y prioridades Jesús mismo delinea y cumple, tal como dijo:

> **No penséis que he venido para abrogar la ley o los profetas; no he venido para abrogar, sino para *cumplir* (Mateo 5:17).**

Jesús no vino a anular la ley como si fuera una ridiculez de una época pasada, ni a imponerla y hacer que se cumpla. Tampoco vino a cumplir solo partes de ella, como si hurgara en la pila con un par de pinzas y escogiera algún que otro mandamiento que aún podría funcionar para nosotros. Lo que Jesús vino a hacer con la ley lo vino a hacer **con toda la ley**. No obstante, a medida que seguimos la vida y el ministerio de Jesús, se hace evidente que Él cumple los diferentes elementos de la ley de diversas formas.

Jesús terminó con las leyes de la limpieza y los alimentos. Declaró limpios todos los alimentos (Marcos 7:19, reiterado en Hechos 10:9-16). Tocó leprosos y cadáveres, y no se contaminó al hacerlo.

Habló de su cuerpo como el verdadero templo y su muerte como el sacrificio máximo por el pecado (Juan 2:21; Lucas 22:19-20). Su muerte abrió el camino para que nos acerquemos a Dios, haciendo obsoletos los reglamentos del Antiguo Testamento concernientes al templo y su sistema de sacrificios.

Jesús reformó al pueblo de Dios. En el Antiguo Testamento eran un estado-nación. En el Nuevo son una iglesia universal encarnada en numerosas reuniones locales alrededor del mundo y sujetas a las leyes de los gobiernos seculares. Por tanto, las leyes del Antiguo Testamento relacionadas con la vida cívica del pueblo de Dios (como la exigencia de la pena de muerte por pecados graves) ya no se aplican a los creyentes de la misma manera.

Mediante su vida sin pecado, Jesús encarnó por completo todos los requisitos morales de la ley. Para que por medio de la unión con Él, «la justicia de la ley se cumpliese [totalmente] en nosotros» que vivimos por el poder de su Espíritu (Romanos 8:4). De esta forma podemos vivir en amor, que es precisamente lo que enseñan las leyes morales del Antiguo Testamento (Romanos 13:8). Para poder mostrar lo que significa para nosotros vivir en amor, muchos de los mandamientos morales del Antiguo Testamento se vuelven a mencionar en el Nuevo, incluidos los relacionados con la ética sexual.

Timothy Keller lo resume con claridad: *En pocas palabras, la venida de Cristo cambió cómo adoramos, pero no cómo vivimos. La ley moral describe el propio carácter de Dios: su integridad, amor y fidelidad. Y así, todo lo que el Antiguo Testamento habla de amar a nuestro prójimo, cuidar a los pobres, ser generosos con nuestras posesiones, las relaciones sociales y el compromiso con nuestra familia todavía está vigente. El Nuevo Testamento continúa prohibiendo matar o cometer adulterio, y toda la ética sexual del Antiguo Testamento se vuelve a mencionar a lo largo del Nuevo Testamento (Mateo 5:27-30, 1 Corintios 6:9-20, 1 Timoteo 1:8-11). Si el Nuevo Testamento ha reafirmado un mandamiento, entonces sigue vigente para nosotros en la actualidad.*[1]

No honramos todos los pasajes del Antiguo Testamento de la misma manera. Seguimos el ejemplo de

---

1. Timothy Keller, «Old Testament Law and The Charge of Inconsistency», Redeemer Report, junio 2012, http://www.redeemer.com/news_and_events/newsletter/?aid=363. Consultado 11 diciembre 2012.

Jesús. Por lo que Él declaró que haría su muerte, no seguimos todas las leyes del Antiguo Testamento. Hacerlo sería menoscabar su obra en la cruz. Por lo tanto, las enseñanzas del Antiguo Testamento sobre la ética sexual, a través de su reafirmación en el Nuevo Testamento, siguen siendo vinculantes para los cristianos de hoy

¿Es pecaminoso experimentar atracción hacia personas del mismo sexo?

La atracción hacia el mismo sexo no es algo bueno. Es (junto con muchas otras cosas) una consecuencia de la caída. No existía antes de la caída en Génesis 3 y no existirá en la nueva creación. Este tipo de atracción no es algo que Dios diseñó para nosotros, y contradice su designio.

Sabemos por las Escrituras que la tentación proviene de nuestros propios corazones caídos. Santiago es muy claro al respecto:

> **Cuando alguno es tentado, no diga que es tentado de parte de Dios; porque Dios no puede ser tentado por el mal, ni él tienta a nadie; sino que cada uno es tentado, cuando de su propia concupiscencia es atraído y seducido (Santiago 1:13-14).**

No podemos culpar a nadie por la tentación. Desde luego, tampoco a Dios. Las tentaciones homosexuales reflejan nuestra propia naturaleza caída.

Sin embargo, esto no es lo mismo que decir que la *presencia de la tentación en sí* es un pecado del que hay que arrepentirse. Los cristianos siempre han hecho una distinción entre tentación y pecado. Después de todo, Jesús mismo enseñó a sus seguidores a orar:

> **Y perdónanos nuestras deudas, como también nosotros perdonamos a nuestros deudores. Y no nos metas en tentación, mas líbranos del mal (Mateo 6:12-13).**

En otras palabras, buscamos el perdón por el pecado y la libertad de la tentación. No se nos exhorta a pedir perdón por la tentación, sino solo por cualquier pecado que hemos cometido. En cambio, estamos llamados a enfrentarnos a la tentación, a ser fieles en resistirla (1 Corintios 10:13).

En el momento en que experimentamos una atracción inapropiada hacia alguien del mismo sexo, debemos resistir los pensamientos y sentimientos impuros que nos sobrevengan, reconocer que queremos huir de tales cosas y no aceptarlas, y buscar la ayuda y fortaleza de Dios para hacerlo. Recordamos que tales experiencias no son el diseño de Dios para nuestra vida y, por lo tanto, no son buenas para nosotros. Nos esforzamos por honrar a Dios y confiamos que Él es fiel y no permitirá que seamos tentados más allá de lo que podemos soportar.

Afirmar que la experiencia de AMS en sí es un pecado parece sugerir que incluso la tentación en sí es un pecado, algo que no creo que las Escrituras declaren.

Y, como es de esperar, enseñar algo que no sea bíblico puede causar un daño pastoral considerable.

Muchos cristianos que experimentan AMS sienten mucha vergüenza como resultado. Saben que estos sentimientos no son parte del diseño de Dios, anhelan no tenerlos y se esfuerzan por ser obedientes a Cristo. En mi experiencia, los cristianos con AMS, por lo general, sienten más vergüenza por sus tentaciones sexuales que sus contrapartes atraídas por el sexo opuesto. Escuchar que la presencia misma de esta tentación (independientemente de la medida en que hayan sido fieles en resistirla) es *en sí* un pecado del que se deben arrepentir puede fácilmente destruir a un creyente que es nuevo en la fe.

Capítulo 4

La homosexualidad y la iglesia

Si lo piensas, verás que la iglesia es extraordinaria. Claro, también podemos ver muchísimas imperfecciones y debilidades, que son más que obvias, particularmente, para quienes estudiamos el tema de la homosexualidad. La iglesia no siempre ha sido una voz o un lugar de amor y gracia.

Ha sido triste escuchar a algunos amigos que luchan con AMS, contarme que se sienten rechazados por otros cristianos. Sin duda, hay muchas iglesias que tienen lecciones que aprender y cosas de qué arrepentirse.

Sin embargo, a pesar de todos sus defectos, la iglesia es una maravilla. Escucha lo que dice Pablo:

> Para que la multiforme sabiduría de Dios sea ahora dada a conocer *por medio de la iglesia* a los principados y potestades en los lugares celestiales (Efesios 3:10, cursivas añadidas).

La iglesia en la tierra es un medio visual de Dios al mundo espiritual de cómo es Él. Por medio de su pueblo, Dios intenta mostrar a los poderes espirituales que Él es más sabio que todos ellos. Sin embargo, también es de gran estímulo para nosotros. Nunca debemos subestimar la influencia que nuestras comunidades cristianas pueden ejercer en los que nos rodean. Cada iglesia tiene una oportunidad maravillosa de mostrar al mundo el carácter y la sabiduría suprema de Dios. No por tratarse de la homosexualidad tiene que dejar de ser así.

¿Qué deberíamos hacer si una pareja gay comienza a asistir a nuestra iglesia?

Es una gran bendición y oportunidad cuando cualquier persona asiste a la iglesia por primera vez. A menos que ya sean cristianos que se mudaron de ciudad o vienen de otra comunidad cristiana, la iglesia tiene una maravillosa oportunidad de presentar a estos recién llegados el evangelio de Jesucristo. No importa si se trata de una pareja gay, una pareja heterosexual o cualquier otra persona. Todos son pecadores, y todos necesitan la gracia de Dios.

A veces existe el peligro de que los cristianos piensen que deben confrontar a una pareja gay con su sexualidad casi apenas entran por la puerta; que es necesario hablarles del tema de inmediato y enseñarles qué dice la Biblia. Esto no tiene que ser así.

Sería útil hacer una comparación. Si una pareja heterosexual llega a la iglesia y, al darles la bienvenida y conversar con ellos, resulta evidente que están viviendo juntos pero no están casados, no me parece necesario empezar a enseñarles de inmediato qué dice la Biblia sobre la falencia de su concubinato. Reservaría ese problema para hablarlo con ellos en el momento oportuno, pero no es necesario ahondar en el asunto para que empiecen a participar regularmente en la vida de la iglesia. Si sacan el tema, entonces, por supuesto, les responderé; pero mi preocupación inicial es que sepan que son bienvenidos y que estamos contentos de tenerlos con nosotros y que escuchen el evangelio mediante el ministerio regular de la iglesia.

Otra forma de expresar esto es decir que preferiría comenzar por el centro y trabajar hacia afuera, que empezar de afuera hacia el centro.

El centro es la muerte y la resurrección de Cristo. Ahí es donde Dios más se revela. Ahí es donde vemos su gloria más claramente (Juan 17:1). También es donde Dios muestra más claramente su amor, rectitud, poder y sabiduría (Romanos 5:8; 3:25-26; 1 Corintios 1:18, 24). Esto es lo que más deseo que sepan las personas, para que queden cautivadas por el Dios de la cruz y la resurrección. Y una vez que están convencidas de eso, ayudarlas a pensar qué implica creer en Dios: qué le deben entregar, incluida su sexualidad corrompida.

Sin embargo, quiero que esa conversación tenga lugar en el contexto del evangelio, en lugar de comenzar con su sexualidad y tratar de llegar desde allí al evangelio. Necesitan conocer a Cristo antes de saber lo que Él demanda. No tiene mucho sentido describir cómo vivir a la luz de la gracia de Dios si alguien todavía no conoce la gracia de Dios. Entonces, cuando una pareja gay comienza a asistir a la iglesia, mi prioridad para ellos es la misma que para cualquier otra persona: que escuchen el evangelio y experimenten la bienvenida de una comunidad cristiana.

¿Qué puede hacer la iglesia para ayudar a los cristianos que enfrentan este problema?

Hay una serie de cosas que las iglesias pueden hacer para ayudar a los cristianos con AMS:

1. Hacer que sea un tema fácil de hablar

Tanto los pastores como los miembros de la iglesia deben saber que la homosexualidad no es solo un asunto político, sino personal, y que es probable que haya algunas personas dentro de su propia familia de la fe para quienes es una lucha dolorosa. Cuando surge el problema en la vida de la iglesia, se debe reconocer que es un problema con el que los cristianos también tienen que luchar, y la iglesia debe estar preparada y capacitada para acompañar a tales hermanos y hermanas.

Muchos cristianos todavía hablan de la homosexualidad de manera hiriente y peyorativa. He perdido la cuenta de las veces que he escuchado a cristianos (incluso algunos en puestos de liderazgo eclesiástico) usar frases como: «Eso es muy gay» para referirse a algo que no les agrada. Tales comentarios solo harán que sus hermanos y hermanas cristianos que luchan con AMS se sientan avergonzados y no quieran abrirse. Cuando empecé a hablar de mi propia experiencia con mis amigos de la iglesia, me llamó la atención ver que muchos cristianos maduros sintieron que tenían que disculparse por los comentarios que habían hecho en el pasado sobre la homosexualidad, y ahora se daban cuenta de que pudieron haber sido hirientes.

La clave para ayudar a las personas a sentirse seguras de hablar del tema de AMS es tener una actitud de apertura sobre las luchas y debilidades que experimentamos en la vida cristiana en general. El pastor y escritor cristiano Timothy Keller ha dicho que las iglesias deberían parecerse más a la sala de espera de un médico, que a la sala de espera para una entrevista de trabajo. En este último caso, todos tratamos de parecer lo más capaces y competentes posible. Las debilidades se disimulan y se esconden. Sin embargo, en la sala de espera de un médico se sabe que todos están enfermos y necesitan ayuda. Y esto está mucho más cerca de la realidad de lo que sucede en la iglesia.

Por definición, los cristianos somos débiles. Dependemos de la gracia y la generosidad de Dios. Somos «pobres en espíritu» (Mateo 5:3). Es síntoma de una iglesia saludable que podamos hablar de estas cosas, por lo que debemos hacer todo lo posible para fomentar una filosofía realista sobre las dificultades de la vida cristiana.

No obstante, hay una advertencia: si hemos logrado hablar con alguien de sus luchas sexuales, no debemos cometer el error de sacar *siempre* el mismo tema cuando estamos con él. Puede que, de vez en cuando, necesite que le preguntemos cómo van las cosas; pero hacer de eso el tema principal o lo único que hablamos con esa persona puede ser problemático. Podría reforzar la falsa idea de que eso es lo que realmente es y, de hecho, podríamos pasar por alto otros asuntos sobre los que quizá necesitemos hablar más. La sexualidad podría no ser su mayor batalla.

2. Honrar la soltería

Aquellos para quienes el matrimonio no es una perspectiva realista deben recibir aprobación de su llamado a la soltería. Nuestras comunidades deben defender y honrar la soltería como un don, y tener cuidado de no descalificarla sin quererlo. No se debería considerar a los solteros como cabos sueltos a atar. Tampoco deberíamos pensar que todas las personas son solteras porque han sido demasiado perezosas en la búsqueda de alguien con quien casarse.

Recuerdo haber conocido a otro pastor que, al descubrir que yo era soltero, insistió en que ya debía estar casado y procedió a enumerar los pasos inmediatos a dar para rectificar esa situación. Fue muy directo y solo retrocedió cuando estallé en llanto y le dije que estaba luchando con la homosexualidad. No tendría por qué haber hecho esa admisión. Tenemos que respetar que la soltería no es necesariamente una señal de que alguien está posponiendo su crecimiento.

3. Recordar que la iglesia es familia

Pablo se refiere repetidas veces a la iglesia local como «la casa de Dios» (por ej., 1 Timoteo 3:15). Es la familia de Dios, y los cristianos deben ser familia el uno para el otro.

Por lo tanto, Pablo anima a Timoteo a tratar a los ancianos como padres, «a los más jóvenes, como a hermanos; a las ancianas, como a madres; a las jovencitas, como a hermanas» (1 Timoteo 5:1-2). La iglesia debe pensar en sí misma como una familia inmediata. Los núcleos familiares dentro de la iglesia necesitan el aporte y la participación de la familia extendida de la iglesia; no están diseñados para ser autónomos. Los que abren su vida familiar a otros encuentran que es una doble bendición.

Los solteros pueden experimentar algunas alegrías de la vida familiar; los jóvenes se benefician de la influencia de otros cristianos mayores; los padres reciben el aliento de otros que los apoyan; y las familias en su conjunto aprenden algo de lo que significa servir a Cristo con una postura abierta como familia.

4. Atenerse a los modelos bíblicos de masculinidad y feminidad, y no a los estereotipos culturales

La lucha con AMS a veces puede tener que ver con la sensación de no estar cumpliendo con las normas de lo que se espera que sea un hombre o una mujer. Entonces, cuando la iglesia refuerza los estereotipos superficiales de la cultura, el efecto puede empeorar esta sensación de aislamiento y de no estar cumpliendo con las normas culturales.

Por ejemplo, dar a entender que los hombres deben dedicarse a los deportes o reparar su propio automóvil, o que las mujeres deben disfrutar de las manualidades o sugerir que les gusta «hablar de todo», es acatar ideas culturales más que bíblicas de cómo Dios nos ha hecho. En realidad, puede terminar pasando por alto muchas formas en que las personas reflejan algunos de los aspectos bíblicos de la masculinidad y la feminidad, que la cultura pierde de vista.

5. Dar un buen apoyo pastoral

La atención pastoral para las personas con AMS no tiene que ser estructurada, pero *debe ser visible*. Muchas iglesias ahora tienen grupos de apoyo para los miembros que luchan con AMS; otras ofrecen programas de mentores o compañeros de oración.

Aquellos con AMS necesitan saber que la iglesia está lista para apoyarlos y ayudarlos, y que tiene personas con un corazón y una visión particular para este ministerio. Puede haber problemas que necesiten resolverse, y pasajes de la Biblia que deben estudiar y aplicar con cuidado y determinación. Es posible que necesiten cultivar buenas amistades y rendir cuentas a otros, y tener una participación continua en la comunidad. Estas son todas las cosas que la iglesia local está en mejores condiciones de ofrecer.

Han pasado algunos años desde que empecé a contarles a amigos cristianos cercanos que lucho con sentimientos homosexuales. Fue un proceso largo y, en cierto sentido, bastante agotador emocionalmente. Sin embargo, fue una de las mejores cosas que hice. El solo hecho de comentar algo tan personal con alguien es una muestra de gran confianza, y casi en todos los casos fortaleció y profundizó la amistad. Los amigos cercanos se han vuelto aún más cercanos. También descubrí que otros podían abrirse más conmigo sobre asuntos personales de sus propias vidas, ya que yo me había abierto bastante con ellos. Como resultado, hubo algunos maravillosos momentos de compañerismo.

También han pasado algunos años desde que hablé públicamente del asunto de la sexualidad con la familia de mi iglesia. Insisto en que ha sido una gran bendición haberlo hecho. Encontré mucho apoyo, las personas preguntan cómo pueden ayudarme y me alientan en esta área, y muchos dicen que están orando por mí todos los días. Otros han dicho cuánto significa para ellos que les haya comentado algo como esto. También ha sido de gran estímulo para mí que no haya definido cómo me ven. Además de las expresiones de amor y apoyo, las cosas volvieron a la normalidad con mucha rapidez.

Algunos cristianos (como muchos en mi propia iglesia) parecen saber instintivamente cómo responder a otros cristianos que luchan con AMS. Sin embargo, no siempre sucede lo mismo cuando se trata de responder a los que están fuera de la iglesia y que vienen a nosotros como homosexuales.

¿Cuál es la respuesta correcta entonces? ¿Cómo pueden los cristianos ser sal y luz para la sociedad en general sobre este tipo de cuestiones? Este es el tema del último capítulo.

¿No pueden los cristianos aceptar sus diferencias sobre este tema?

Hay cristianos e incluso líderes de iglesias que argumentan que algunas formas de actividad homosexual son aceptables para Dios, y muchos más que argumentan igual que yo, que cualquier actividad de este tipo está prohibida por Dios. En nuestras iglesias y comunidades cristianas extensivas, podemos diferir en ciertos asuntos mientras mantenemos la comunión en el evangelio. *Entonces, ¿no es la homosexualidad un asunto sobre el que los cristianos pueden estar legítimamente en desacuerdo?*

La Biblia permite desacuerdos sobre ciertos asuntos. En Romanos 14, Pablo habla de «asuntos discutibles» y pide a sus lectores que se convenzan en su propia opinión de lo que piensan (Romanos 14:5). Pero Pablo también plantea que hay otros asuntos que no son negociables: cuestiones donde el evangelio mismo está en juego. En 1 Corintios 15, recuerda a sus lectores los asuntos «primordiales» que les había enseñado anteriormente y que son el fundamento de su fe evangélica (1 Corintios 15:1-11). ¿En qué categoría cae la homosexualidad? ¿Afecta el evangelio? Dos pasajes indican que la homosexualidad es una cuestión de evangelio.

Como vimos anteriormente, Pablo habla de la práctica homosexual en el contexto de advertir a sus lectores que los injustos no entrarán en el reino de Dios (1 Corintios 6:9). En esta categoría, incluye a los que practican la homosexualidad. Junto con todos los que son injustos, esas personas caminan rumbo a la destrucción. Su única esperanza es el evangelio, cuyo funcionamiento incluye una nueva identidad y el arrepentimiento de su antigua manera de vivir. Negar esta verdad tiene enormes consecuencias. Un líder de iglesia que enseña que ciertas formas de actividad homosexual son aceptables, en realidad está enviando gente a la destrucción. No es el mismo tipo de desacuerdo que tienen los cristianos sobre, digamos, el bautismo o la práctica de ciertos dones espirituales. En el caso de la práctica homosexual, el evangelio está por demás en juego.

En Apocalipsis 2:20-21, Jesús reprende a la iglesia de Tiatira por tolerar a una falsa maestra: «Pero tengo unas pocas cosas contra ti: que toleras que esa mujer Jezabel, que se dice profetisa, enseñe y seduzca a mis siervos a fornicar y a comer cosas sacrificadas a los ídolos. Y le he dado tiempo para que se arrepienta, pero no quiere arrepentirse de su fornicación».

La enseñanza de esta persona conduce a otros al pecado sexual en la iglesia. Jesús promete juicio sobre ella y sobre cualquiera de sus seguidores que no se arrepientan (ver v. 22). Sin embargo, la responsabilidad no está solo en ellos. También se reprende a la iglesia —incluidos los que no la siguen— por tolerarla. Entonces, no debemos tolerar en nuestras iglesias a aquellos cuyas enseñanzas conducen a las personas al pecado sexual. Debemos confrontarlos, prohibir su ministerio y refutar su enseñanza. Esta es una cuestión de evangelio. Si permitimos que este sea un tema de desacuerdo aceptable dentro de nuestras comunidades, Jesús nos va a pedir cuentas. Algunas formas de tolerancia son pecaminosas.

¿No es nociva y perjudicial la visión cristiana sobre la sexualidad?

Una de las acusaciones más comunes y significativas contra la opinión cristiana tradicional de la sexualidad y el matrimonio es que es profundamente perjudicial para las personas.

Negar la sexualidad de alguien se ve como una negación de quién es realmente esa persona. Les está pidiendo que repriman algo central de su identidad y, en consecuencia, de su capacidad de desarrollarse. Esto es perjudicial para cualquier persona, pero especialmente para los adolescentes que se adaptan a su sexualidad mientras se encuentran en una etapa formativa de sus vidas. Se dice que los cristianos son los culpables de que los adolescentes homosexuales tengan un desarrollo atrofiado y se llenen de culpa o se quiten la vida.

Tal vez Dan Savage haya hecho esta acusación con más vehemencia:

> «La intolerancia deshumanizante que sale de los labios de cristianos fieles les da a sus hijos heterosexuales una licencia para insultar, humillar y condenar verbalmente a los chicos homosexuales que encuentran en la escuela. Llenan a tus hijos gays de desesperación suicida. Y tienen el descaro de pedirme que tenga más cuidado con mis palabras».[1]

No hace falta decir que esta es una acusación muy grave. Es bastante preocupante que muchos cristianos empiecen a pensar que la noción tradicional debe estar equivocada si produce este tipo de efecto en las personas. Sin duda, cualquier cosa que redunde en este tipo de desprecio de uno mismo y desesperación no puede ser fruto de la verdad de Dios.

Lo primero a decir en respuesta a esto es que ciertamente ha habido casos de jóvenes que han llegado a la desesperación e incluso se han suicidado en los últimos años, y que han atribuido su angustia a la presión real o percibida por la desaprobación cristiana de la homosexualidad. Esta es una situación real. Los jóvenes dentro y fuera de la iglesia están sufriendo profundamente por este asunto.

¿Y quién puede negar lo indescriptiblemente trágico que es que alguien sienta tanta desesperación por su propia sexualidad? De todas las personas, nosotros los cristianos deberíamos sentir más dolor por esto,

---

1. Citado en Justin Lee, *Torn: Rescuing The Gospel From The Gays vs Christians, Debate* (Nueva York: Jericho Books, 2013), p. 5.

ya que conocemos el valor supremo que Dios atribuye a *toda* vida humana. Deberíamos preocuparnos más que nadie cuando escuchamos sobre los jóvenes que experimentan semejante tormento, especialmente los que crecen en hogares cristianos y forman parte de una iglesia local.

Y también debemos reconocer que algunos creyentes han sido indudablemente abusivos en su comportamiento y lenguaje hacia las personas homosexuales, por pensar que así de alguna manera estaban promoviendo la causa de Cristo. Sin embargo, también debemos reconocer que tal comportamiento en sí **no es cristiano en absoluto**. No se trata de adhesión al mensaje y el ejemplo de Jesús, sino de contradecirlo.

Sin embargo, *no* es cierto que dicho tormento personal sea el resultado *inevitable* de la enseñanza bíblica tradicional sobre este tema. Es verdad que la obra de convicción del Espíritu puede ser muy dolorosa. Incluso hay una especie de desprecio de uno mismo, que puede producirse cuando Dios nos hace conscientes del alcance de nuestro propio pecado (ver Ezequiel 36:31). No obstante, aunque la obra genuina de Dios puede producir esto en nosotros, nunca nos deja así. Si sentimos convicción de pecado, es para que podamos ser restaurados. El Espíritu nos quebranta solo para volver a unirnos como Dios nos diseñó. Jesús promete que encontraremos descanso y consuelo en Él y que «la caña cascada no quebrará» (Mateo 11:28-29; 12:20).

La enseñanza de Cristo no dice que no vale la pena vivir la vida si no puedes sentirte realizado sexualmente, que una vida sin sexo ni siquiera es vida. El cristianismo bíblico no insiste en que la inclinación sexual de alguien es tan fundamental para quien es, y que no aprobar su inclinación particular es atacar a esa persona en su esencia. Todo esto no proviene del cristianismo bíblico, sino de la visión altamente distorsionada de la cultura occidental de lo que significa ser un humano. Cuando un ídolo te falla, el verdadero culpable resulta ser la persona que te ha instado a adorarlo, no la persona que ha tratado de quitártelo.

La enseñanza de Jesucristo hace dos cosas: restringe el sexo y relativiza su importancia. Jesús nos muestra que, en el contexto que Dios le dio, el valor del sexo es mucho mayor de lo que podemos imaginar, y aun así, no es definitivo. El sexo es un impulso poderoso, pero *no* es fundamental para la plenitud y realización humana. Cristo lo demostró tanto en su enseñanza como en su estilo de vida. Después de todo, Jesús, el más humano de todos, permaneció en celibato.

El evangelio nos muestra que hay perdón para todos los que han pecado sexualmente. Y el evangelio también nos libera de la mentalidad que cree que el sexo es intrínseco de la realización humana. El reclamo del evangelio de que nadie debe poner toda su felicidad en su ventura sexual no es una mala noticia, sino una buena noticia. *No es para perjuicio, sino para plenitud.*

Capítulo 5

La homosexualidad y el mundo

El mensaje cristiano es la mejor noticia que alguien puede oír. Se trata de un Dios que es más compasivo y amoroso de lo que podemos imaginar. Es una noticia que los cristianos queremos que otros escuchen, pero no siempre es fácil de anunciar.

El mensaje del evangelio tiene varios bordes filosos, que para muchos es difícil de escuchar. Hoy día, uno de los bordes más filosos parece ser lo que la Biblia enseña sobre la sexualidad. Ha llevado a algunos cristianos a cambiar de opinión sobre lo que dice la Biblia, de modo que parezca más flexible y «vigente» para el mundo.

Y si bien podemos reconocer que esta no es una respuesta piadosa a este asunto, muchos cristianos todavía se sienten inseguros sobre lo que *deberíamos* hacer y decir sobre este tema. Aún sentimos que el evangelio es para todos, y que los caminos de Dios son los mejores; pero ¿cómo podemos recomendar la opinión cristiana sobre este tema al mundo que nos rodea?

Algunos amigos no cristianos acaban de decirme que son homosexuales. ¿Cómo debo responderles?

Contarle a otra persona que uno es gay suele ser un gran problema para cualquiera. Si a quien se lo están contando es cristiano, es probable que sea peor aún. Muchas personas saben que los cristianos no practican la homosexualidad, y no cuesta mucho pensar que los cristianos deben estar en contra de las personas gays.

Entonces, lo primero que debes hacer es **agradecerles** por ser tan francos y por confiarte algo tan personal. Es un privilegio que alguien te cuente semejantes cosas.

También es importante que **les asegures que sus temores a que tú los rechaces son infundados**. Saber que son homosexuales no debe significar que ya no te simpaticen o que dejes de ser amigo de ellos. Para efectos de transparencia, y especialmente si te preguntan qué opinas al respecto, podrías señalar que los cristianos tienen una opinión sobre la sexualidad diferente a la cultura en general, y que estarías feliz de poder hablar sobre eso en algún momento. Sin embargo, ese puede no ser el momento.

Escúchalos. Es bueno indagar un poco sobre sus

experiencias homosexuales. ¿Cómo llegaron a darse cuenta de que eran así? ¿Qué tipo de reacciones han tenido de otras personas, amigos y familiares? ¿Ha sido un momento difícil para ellos? ¿Están bien? Necesitamos averiguar sobre su historia y sus vicisitudes.

Conocer más su trasfondo y su experiencia nos ayudará a saber cómo ser un buen amigo para ellos. Es posible que necesiten que alguien los escuche de vez en cuando, tener un hombro sobre el cual llorar o que seas un amigo con el que puedan hablar con confianza. ¿No sería excelente si, de todas las personas, se sintieran más seguros de acercarse a su amigo cristiano? El hecho de que hablen de su sexualidad con nosotros podría ser una oportunidad para profundizar nuestra amistad en lugar de distanciarnos. Y mostrar un interés genuino es más probable que los lleve a preguntar qué opinamos de este tema como creyentes.

Escucharlos nos ayudará a saber cómo **orar por ellos.** Cualesquiera que sean sus vicisitudes, antes que nada —al igual que nosotros—, necesitan a Cristo. Y mientras oramos para que Él les revele su bondad, podemos orar por nosotros mismos, para que nuestra amistad sea una fiel expresión de tal bondad.

¿Cuál es la mejor manera de testificar de Cristo a un amigo gay?

Debido a la expectativa que los amigos gays tienen de cómo responden los cristianos, debemos hacer todo lo posible para que sepan que estamos *con ellos* y no *en contra de ellos*. Esto al menos implicará tomarse el tiempo de conocerlos bien y escuchar atentamente su historia. Necesitamos amarlos más que sus amigos homosexuales, y debemos amarlos más de lo que ellos aman su homosexualidad (como lo expresó el líder cristiano Al Mohler). Solo entonces podremos comenzar a hablarles del amor más grande de Dios por ellos.

En algún momento querrán saber qué opinamos de la homosexualidad como cristianos. Necesitamos pensar cuidadosamente cómo explicar nuestra postura de una manera que puedan entender y apreciar, y no solo encontrarnos con una actitud defensiva.

Tan importante como explicar verdades particulares de la Biblia es explicar las razones que sustentan tales verdades. Por tanto, necesitaremos hablarles de por qué Dios no puede bendecir —y de hecho prohíbe— la actividad homosexual; pero también tenemos que mostrarles por qué Dios tiene derecho a decir lo que debemos y no debemos hacer con nuestro cuerpo, y cómo hemos llegado a comprender el valor de lo que dice.

Tendremos que explicarles que el arrepentimiento, para el homosexual practicante, implicará alejarse del estilo de vida gay; pero también necesitamos mostrarles que todos, cuando venimos a Cristo, morimos a nosotros mismos para poder vivir una nueva vida en Él.

Tendremos que explicarles que el único estilo de

vida correcto para quienes el matrimonio es poco realista es la soltería casta; pero también tendremos que enseñarles que todos los hijos de Dios —casados y solteros— estamos prometidos a un solo esposo, Cristo (2 Corintios 11:2); que cualquiera que se une con Cristo es uno con Él en espíritu (1 Corintios 6:17), y que esta es la realidad fundamental de todos los creyentes. Cualquier estado terrenal, tanto el matrimonio como la soltería, apuntan a la unión eterna con Cristo. El propósito del matrimonio terrenal no es satisfacernos, sino mostrarnos la relación que sí puede hacerlo. El propósito de la soltería no es mostrar que somos suficientes, sino mostrarnos quién lo es. Queremos que los amigos homosexuales sepan que la lealtad a Cristo de una persona gay es tan costosa y superlativa como lo es para cualquier otra persona.

¿Cómo podemos ser testigos eficaces al mundo sobre este tema?

A medida que la cultura occidental adopta cada vez más la homosexualidad, parecerá que los cristianos no estamos logrando promover la perspectiva cristiana de la sexualidad, pero no debemos desanimarnos.

La Biblia nos asegura que Cristo edificará su iglesia, y que su gobierno no tendrá fin (Mateo 16:18; Isaías 9:7). Este no es momento para el pesimismo y, a medida que la sociedad se aleja cada vez más de sus amarras cristianas, la iglesia tiene cada vez más oportunidad de mostrar una alternativa contracultural.

La clave de nuestro testimonio y nuestra credibilidad

en este (o cualquier) tema es **la calidad de nuestra vida en comunidad** y **la claridad de nuestro mensaje**. Necesitamos ser claros en el evangelio. Desde luego, es una buena noticia para todos. Que nadie está demasiado lejos para disfrutarlo, o demasiado realizado para necesitarlo. Debemos ser claros, no solo porque todos somos pecadores, sino porque todos somos pecadores sexuales. Ninguno de nosotros llega a esta condición desde una posición de superioridad.

Tal claridad del evangelio tiene que estar acompañada de una **credibilidad relacional**. El Nuevo Testamento a menudo vincula la eficacia de nuestro testimonio con la autenticidad de nuestro amor los unos con los otros. Jesús dijo una vez:

En esto conocerán todos que sois mis discípulos, si tuviereis amor los unos con los otros (Juan 13:35).

Pablo describe la iglesia de la siguiente manera:

La casa de Dios, que es la iglesia del Dios viviente, columna y baluarte de la verdad (1 Timoteo 3:15).

La iglesia es la «columna… de la verdad» porque es el emisario de la verdad de Dios al mundo. Es el medio de Dios para anunciar su verdad a todas las personas. Sin embargo, también es la familia de Dios, su «casa». Y para que la iglesia sea una columna eficaz, debe ser una familia eficaz. La reunión local del pueblo de Dios consiste en manifestar el evangelio en su propia vida. La iglesia que es iglesia en toda su plenitud bíblica es la que más testimonio dará de los caminos de Dios a la sociedad en general. El mandamiento de Jesús a sus seguidores de «[amarse] los unos a los otros» no fue solo una sugerencia adicional. Es una parte clave de su estrategia para ganar a un mundo que nos observa.

Jesús prometió que los que dejan y renuncian a ciertas cosas por Él, recibirán cien veces más a cambio:

> Respondió Jesús y dijo: De cierto os digo que no hay ninguno que haya dejado casa, o hermanos, o hermanas, o padre, o madre, o mujer, o hijos, o tierras, por causa de mí y del evangelio, que no reciba cien veces más ahora en este tiempo; casas, hermanos, hermanas, madres, hijos, y tierras, con persecuciones; y en el siglo venidero la vida eterna (Marcos 10:29-30).

El evangelio puede ser relacionalmente costoso, pero también es relacionalmente generoso. Lo que dejamos no se compara con lo que recibimos de parte de Cristo. Es difícil pasar por alto el hecho de que Jesús está hablando de la familia. La familia cercana. No nos promete primos lejanos y tíos segundos, sino hermanos y madres. Todo lo que tenemos debemos compartirlo unos con otros: tiempo, recursos, afecto. Nosotros mismos. Esto será precisamente la demostración, en esta vida, de que vale la pena dejar todo por Jesús. Será la calidad de nuestra vida comunitaria como iglesia, tanto como nuestra capacidad de hablar claramente en la plaza pública, lo que mostrará de manera más visible a un mundo que nos observa, que la postura cristiana sobre la sexualidad es la más convincente.

Las palabras de Jesucristo nos encomiendan a todos algo que hacer. Puede que no tengamos las mejores celebridades, los portavoces más fascinantes, los recursos más abundantes o los pensadores más aclamados, pero deberíamos tener las relaciones más maravillosas y fascinantes.

¿Deberían los cristianos asistir a bodas homosexuales?

A medida que se legalice y se promueva el matrimonio entre personas del mismo sexo en más lugares del mundo occidental, los cristianos recibirán cada vez más invitaciones a bodas homosexuales. *¿Deberíamos ir o no?*

Estamos destinados, como Cristo, a ser «amigo de los pecadores» y, como tales, debemos esforzarnos por ser el tipo de amigo que alguien quiera invitar a su boda. Por lo tanto, saber qué hacer con dicha invitación es un verdadero problema.

Hay dos aspectos muy importantes de nuestra relación con tales amigos, que debemos hacer todo lo posible para preservar: nuestro **testimonio** y nuestra **amistad**.

Primero, debemos ser cuidadosos como cristianos para que no parezca que apoyamos algo que sabemos que es pecado para Dios. Asistir a una boda gay podría parecer que estamos recomendando y celebrando el matrimonio gay. Sería difícil ver cómo podrían asistir los creyentes sin dar ese tipo de mensaje. Conozco a algunos cristianos que han optado por asistir solo para ser una presencia piadosa en un ambiente que por lo demás no es cristiano, y que consideraban que su posición sobre el matrimonio homosexual ya había sido suficientemente clara para evitar el riesgo de que se malinterpretara su asistencia. Sin embargo, para muchos otros cristianos, no será posible asistir con la conciencia tranquila.

Sin embargo, nuestra postura pública sobre el matrimonio gay no es el único factor importante para considerar. También debemos tener mucho cuidado de preservar y profundizar nuestras amistades con amigos gays, de tal modo que tengamos la oportunidad constante de manifestarles el amor de Cristo. Por lo tanto, debemos tener cuidado de mantener un buen testimonio sobre este tema, pero eso también implicará tener el mismo cuidado de asegurarnos de que sepan cuánto valoramos su amistad.

Si *aceptar* una invitación es arriesgarse a dar a entender que aprobamos el matrimonio gay, *rechazar* una invitación es arriesgarse a dar a entender que su amistad no es importante para nosotros. Entonces, si necesitamos rechazar una invitación de bodas, debemos asegurarnos de invertir en la amistad al mismo tiempo. Eso podría significar hacerles una invitación; ya que no podemos asistir a la boda, deberíamos invitarlos a casa o a salir juntos según la ocasión lo antes posible.

Conclusión

Jesús les dijo: Yo soy el pan de vida; el que a mí viene, nunca tendrá hambre; y el que en mí cree, no tendrá sed jamás (Juan 6:35).

El pan no es algo que suela preocuparme. A solo unos cientos de metros de mi oficina hay tres supermercados y más de una decena de tiendas de sándwiches. El pan está en todas partes, y no puedo pensar en una sola ocasión en toda mi vida cuando necesité algo de pan, pero no pude conseguirlo.

En muchas partes del mundo es igual. También lo fue en el tiempo de Jesús. El pan era *el* alimento básico. Eso no significaba que todos fueran poco imaginativos y optaran por comer pan todos los días, sino que era el alimento principal que tenían para vivir. Sin pan, la gente se moría. No era un producto básico aburrido, sino un producto esencial para la vida. Sin pan no había vida.

Cuando entendemos esto, podemos empezar a tener una idea de lo que Jesús dice cuando declara: «Yo soy el pan de la vida». Él no es un plato de entrada, que viene con aceitunas, aceite y vinagre, para degustar antes que llegue el plato «principal». No, Jesús afirma ser el producto básico en la vida. Él es lo que necesitamos para vivir en verdad. El pan mantiene nuestro cuerpo en movimiento, pero Jesús es lo que nuestra alma necesita para vivir. Sin Él, somos cadáveres espirituales.

Jesús, el Pan de vida, es un concepto con el que he estado familiarizado como cristiano durante muchos años. No recuerdo cuándo fue la primera vez que lo leí o lo pensé a conciencia. Durante mis años de cristiano, siempre lo supe.

Sin embargo, es una verdad que se ha vuelto especialmente importante para mí, ya que he estado estudiando el tema de la atracción hacia personas del mismo sexo. Antes, siempre lo había leído como una de las cosas que es Jesús. Él es la Luz; es el Buen Pastor; es el Camino al Padre. Y es el Pan de vida. No obstante, últimamente, no me ha llamado tanto la atención que Jesús sea *el Pan de vida*, sino que *Jesús* es el Pan de vida. Él, y solo Él, es quien satisface.

Una de las características de mi propia experiencia ha sido una predisposición a la excesiva dependencia emocional de amigos en particular. Con los años, ha sucedido varias veces. Las cosas con un buen amigo pueden transcurrir bastante normales y felices, y luego, casi de la nada, puedo sentir una fuerza que me acerca a él: una profunda necesidad de estar con él, de recibir su aprobación y afecto. Si no lo controlo, eso puede crecer y crecer rápidamente. Y sin darme cuenta, esta persona se convierte en el centro de mi vida. Es lo que la Biblia llama idolatría, y es intolerable. Crea un ansia profunda que no se puede saciar y pone una carga terrible sobre la amistad.

Por lo tanto, es un gran consuelo reflexionar en estas palabras de Jesús. Puedo declarar, con su autoridad, que Él —y ninguna otra persona ni ningún otro amigo— es el Pan de vida. Y lo es. Cuanto más vivo basado en esa verdad, más compruebo que lo es. Puedo comprobarlo y saber que siempre demostrará serlo. La vida es mucho, mucho mejor cuando Él está en el centro, y mucho, mucho peor cuando cualquier persona o cosa ocupa el lugar central.

Finalmente, esta es la promesa del evangelio. El gran regalo que Jesús nos hace es Él mismo. Él no es un medio para otro fin. No es que el Pan de vida es otra cosa, y Jesús es quien lo dispensa. Él mismo es el Pan. Es Jesús quien satisface nuestras necesidades emocionales y espirituales más profundas. Es Él el premio para todos nosotros, independientemente de nuestros problemas y complejidades. Cualquiera que se acerque a Él encontrará plenitud de vida.

La invitación está extendida para todos. Y, tan precioso es este regalo, que no se puede decir que Dios está «en contra» de nadie a quien le ofrece este maravilloso regalo.

¿Qué debo hacer si un cristiano me dice que siente atracción por alguien del mismo sexo?

A muchos cristianos les resulta difícil hablar abiertamente con otros sobre sus luchas contra la AMS. Si todavía están tratando de admitirlo, puede existir el temor de que hablar de eso en cierta manera lo haga más real, como si el solo hecho de hablarlo le diera más presencia e importancia.

Muchas veces, también existe el temor a la respuesta de otros cristianos: que los amigos se sientan incómodos y se distancien; que los líderes de la iglesia piensen que cualquiera que experimente tales sentimientos y tentaciones es una gran decepción; o que admitir tales cosas solo los defraudará. La batalla puede ser bastante solitaria; la posibilidad del rechazo de otros, si se enteran, puede ser suficiente para mantener a muchos cristianos en silencio sobre sus luchas durante años.

Todo esto es para decir que, tal vez, lo primero que debes hacer, si un cristiano alguna vez te revela sus luchas personales con la sexualidad, es **agradecerle**. Seguramente, le costó mucho haberte contado eso. Puede haberse estado preparando mentalmente durante meses, solo para acobardarse y dejarlo para más adelante. Que haya llegado hasta aquí y que al final haya hablado de eso, y te lo haya contado a ti, no es poca cosa. Puedes ser el primero o uno de los pocos a quien se lo haya contado. Cada vez que alguien te comenta algo profundamente personal, es un signo de enorme confianza. Reconoce eso y agradécele.

Deja que respire hondo y asegúrale que el mundo sigue girando, que todavía estás allí y que no están a punto de estallar en llamas.

El siguiente paso es **escuchar** atentamente. Las experiencias de AMS varían enormemente. Los puntos de susceptibilidad, los desencadenantes de la tentación o la desesperación, los problemas que rodean y alimentan los sentimientos de atracción pueden diferir enormemente de una persona a otra.

Si están contentos de hablar, averigua cómo están. Pregúntales cuánto tiempo hace que lo saben; qué los movió a contártelo. Esto puede tomar algo de tiempo, pero te ayudará a tener una idea de cómo están con ese problema, cómo les afecta y cómo responden a él como cristianos. Algunas veces, las experiencias de AMS son solo los síntomas de problemas más profundos de idolatría o inseguridad. A veces hay una infelicidad familiar en el fondo. En otras ocasiones, no hay una lógica o explicación obvia para tales sentimientos en absoluto.

Indagar con delicadeza y escuchar con atención ayudará a determinar qué clase de sabiduría y consejo pueden necesitar. El cristiano lucha activamente con estos sentimientos, en un esfuerzo por escapar de la tentación, querer honrar a Cristo y caminar fielmente con Él: necesitarán aliento, oraciones y personas con quienes hablar de vez en cuando.

Otros pueden no tener claridad sobre las enseñanzas de la Biblia sobre sexo y sexualidad, y necesitarán algunas consideradas instrucciones. Algunos pueden estar en las profundidades de la desesperación, al imaginar que la presencia de estos sentimientos los excluye de recibir una ayuda espiritual, o pueden sentirse abrumados por la culpa de los pecados pasados en esta área. Es muy probable que necesiten algo de consejería y ayuda de un ministerio cristiano o especializado con más experiencia.

¿Donde estaba Dios cuando sucedió eso?

Y otras preguntas sobre la bondad de Dios,
su poder y su forma de obrar en el mundo

Cristopher Ash

Cuando ocurre un desastre; cuando ocurre una tragedia personal; cuando
estamos perplejos por los acontecimientos mundiales, los cristianos podemos
comenzar a dudar de que Dios sea realmente bueno o que realmente tenga
el control. Christopher Ash trata este tema sin vacilar ante ninguna de las
dificultades.

¿El diablo me obligó a hacerlo?

Y otras preguntas sobre Satanás, los demonios
y espíritus malignos

Mike McKinley

¿Quién exactamente es el diablo y de dónde vino? ¿Y qué está tramando en el
mundo de hoy? Este libro, breve y fácil de leer, explica clara y simplemente
lo que podemos decir con certeza acerca de la Biblia y Satanás, demonios y
espíritus malignos.

¿Realmente existe el infierno?

Y otras preguntas sobre el juicio, la eternidad y el amor de Dios

Erik Raymond

La palabra *infierno* evoca todo tipo de pesadillas en las mentes de las personas. ¿Cómo puede un Dios que la Biblia dice literalmente que "es amor" condenar a alguien a una eternidad de tormento? En este libro de fácil lectura, el pastor y autor Erik Raymond trata este importante tema para todos con calidez pastoral y claridad bíblica.

E D I T O R I A L
PORTAVOZ

NUESTRA VISIÓN

Maximizar el efecto de recursos cristianos de calidad que transforman vidas.

NUESTRA MISIÓN

Desarrollar y distribuir productos de calidad —con integridad y excelencia—, desde una perspectiva bíblica y confiable, que animen a las personas a conocer y servir a Jesucristo.

NUESTROS VALORES

Nuestros valores se encuentran fundamentados en la Biblia, fuente de toda verdad para hoy y para siempre. Nosotros ponemos en práctica estas verdades bíblicas como fundamento para las decisiones, normas y productos de nuestra compañía.

Valoramos la excelencia y la calidad.
Valoramos la integridad y la confianza.
Valoramos el mérito y la dignidad de los individuos y las relaciones.
Valoramos el servicio.
Valoramos la administración de los recursos.

Para más información acerca de nuestra editorial y los productos que publicamos visite nuestra página en la red: www.portavoz.com.